Anlaşılmamış Devirlerin Hikayesi

KOMPLO

Lopus yayınevi

Anlaşılmamış Devirlerin Hikayesi KOMPLO

Lopus Yayınları

ISBN: 978-605-81583-0-6

Sertifika: 17954

1.Basım: Nisan 2018

Yayın Yönetmeni: Ergin Yalçın

Editör: Mehmet Akif Gül

Kapak Tasarım: Zelal Edin

Mizanpaj: Lopus Yayınevi

Baskı: Kalkan Matbaacılık

Büyük Sanayi 1.Cad. Alibey İşhanı No 99/32 İskitler/Ankara

Lopus Yayınları

İsmail Gülgeç Caddesi No: 2/1 Keçiören/Ankara

Anlaşılmamış Devirlerin Hikayesi

KOMPLO

Lopus yayınevi

"Coğrafyan Kaderindir."

İbn Haldun

Bizimle her zaman oynadılar ey okuyucu! Hayal dünyasına koyup oyuncak gibi oynadılar. Er meydanına çıkamayanlar zihnimizle oynadılar. Er meydanına çıkamadılar çünkü Yavuzlardan korktular. Hep bir çare aradılar. Hep bir komplo kurdular. Tam bitirdik, bitiriyoruz dediklerinde ise karşılarında Abdülhamid Han'ı buldular. Gerçekten az eğitim görmüş olmasına rağmen zekâsı ile öne çıkan Sultan'dan ne zaman kurtulmak isteseler, yaptıkları hamlelerin karşısında bir hamle ile ezildiler. Onunla baş edemeyenler, bu sistemin de sahibi olanlar; Yahudilerin, o lanetli kavmin kapısını çaldılar. Kimileri Evangelist idi. Yani dünya yok olmaya yaklaştığında Hz. İsa'nın gelip onları kurtaracağına inanan kesimden olan kişilerdi. Kimileri Armageddon Savaşçısı idi. Aslında onlar da kıyametin savaşçıları olarak öne çıkarlardı. Kimileri Mason, kimileri filan, kimileri başka falan.

Şirketlerin sahibi oldular, şirketler ile devletlere sahip oldular. Birbirlerinin kapılarını çalıp her zaman diğer kesime efendi olmak için yaşadılar. Dünyadaki şirketlerin yüzde 75'ine sahip olan bu adamların sayısı iki elin parmaklarını geçmiyordu. Kimi Hristiyan'dı ama çoğu Yahudi idi. Amacım onları erişilmez göstermek değil yanlış anlamayın. Ama zekâları gerçekten derindi. Hatta bu yüzden derler ya "İki Yahudi birleşse şirket, iki Türk birleşse devlet kurarlar." diye. Ama her şeye rağmen hastalıklı bir zihniyetti bu zihniyet. Zekâları vardı ama psikolojik hastalıkları da vardı. Zaten Allah tarafından lanetlenmiş bir kavimdir bunu herkes bilirdi. Bunlar öyle bir topluluktu ki kendilerine gönderilen peygamberlerin çoğunu öldürmüşler ve o sapık inançlarını değiştirip öyle bir dereceye getirmişlerdir ki kendi akidelerine göre cennete girecek olan tek ırk olarak kendilerini görmeye başlamışlardı ve bu kavim o kadar kibirli bir hale gelmiştir ki kendi içlerinde çıkan bir peygamberin güreşte Allah'ı yendiğini söyleyip ardından "Allah'ın eli bağlanmıştır." diyecek kadar kendilerini yüce görmüşler ve her şeyin kendileri için yaratıldığına inanıp "Allah'ın eli bağlanmıştır." diyerek Allah tarafından bizzat lanetlenmişlerdir ki bu lanet Maide Suresi 64. ayette geçer. Sanki Allah insanlara imtihan olsun diye şeytanla beraber yaratmıştı bu kavmi. Bu Yahudi kavmini. İşte bu yüzden diyordu ya Erbakan Hoca "Biz her taşın altında Yahudi var demiyoruz. Sadece Yahudiler hiç bir taşın altını boş bırakmaz diyoruz." diye. Gerçekten de öyle idi. Her şeye sahip olmak isteyen ve her şeyin kendileri için yaratıldığına inanan bir zihniyetti.

Biliyorum belki soruyorsunuz "Öylesi bir zihniyet ile Hristiyanlar neden iş yapar? Hem bunlar Hz. İsa'yı öldürmedi mi?" diye. Evet öyle. Aslında birbirlerine dini olarak düşman olmaları lazım lakin konulara böyle bakmayın. Yani dini olarak düşmanlık görmeyin. Evet, gerçekten de Yahudiler ve Hristiyanlar aslında birbirlerini o kadar da çok sevmezler. Çünkü dediğim gibi sayın okuyucu Hz İsa'yı öldüren Yahudilerdir ve bu yüzden onları düşman olarak da görürler ama dünya düzeninde en çok işleyen iki şey de paradır, güçtür. İşte bu yüzden Allah'ın da buyurduğu gibi "Onlar ne kadar içlerinde birbirleriyle çatışmış olsalar da sana karşı bir olurlar." O gün hasta adam diye isimlendirdikleri Osmanlı'ya karşı bir olacaklardı. Çünkü hepsinin emellerinin bulunduğu yerdi Osmanlı. Kimisi petrol, kimisi vaat edilmiş topraklar, kimisi de başka bir hayal ile Osmanlı'nın üzerine gidecekti. Ve o vakitler başrolde olacak kişi ise Theodor Herzl'di.

Hristiyanlar ve Yahudiler ona para aktarırken O da akıl oyunları ile düşmanlarına her seferinde engel olan Abdülhamid Han'a engel olmaya çalışacaktı. Aslında Theodor Herzl gerçekten bir Yahudi kimliğine sahipti. Yani amacı büyük paralar kazanmak ya da başka bir şey değildi. Amacı gerçekten de bir vaat edilmiş topraklar hayalini gerçekleştirmekti ki, bu doğrultuda onu da kullanacaklar ve O da bu doğrultuda Yahudilere bir devlet vaat ederek savaş verecekti. Konuştuğu herkese yeni bir Yahudi Devlet'i sözü veriyordu ve bunu yaparken de laf cambazlığı özelliğini her seferinde kullanmaktaydı. Yıllardır bir devleti olmayan Yahudilere ise bu teklif çok cazip geliyordu. Aynı zamanda bir gazeteci de olan Herzl, medyayı da çok iyi kullanıyor ve haçlıların desteğini de alarak tüm dünyaya Yahudilerin bir devleti olmadığını, Yahudi tebaasının bağlı bulunduğu devletlerin Yahudilere işkence ettiğini haykırıyordu. Tıpkı bugün ki gibi. Aslında hepinize tanıdık geliyordur. Belki bugün Yahudiler haykırmıyor ama Kürtler kullanılarak, yine Osmanlı'nın evlatlarına karşı bir isyan hareketi başlatılmış durumda. O gün Theodor Herzl Yahudilerin bir devleti olmadığını ve Osmanlı'nın onlara eziyet ettiğini dile getirirken, bugün de Kürtlerin bir devleti olması gerektiğini ama Türkiye'nin buna engel olduğunu ve dünyanın buna artık dur demesi gerektiğini medya aracılığıyla yaymak istiyorlar. İşte bu yüzden diyorum ya tarihin doğru okunması lazım diye. Çünkü tarih aslında bugün de, yarın da ve her zaman da tekerrür ediyordur ve edecektir de. Her neyse biz şimdi konuyu dağıtmayalım. Gelelim Theodor Herzl'in düğmeye bastığı o tarihe.

Tarihler 29 Ağustos 1897'yi gösteriyordu ve o gün Theodor Herzl Siyonist Kongresi'ni diğer adıyla Basel Konferansı'nı kurnaz, cambaz olan şahsi yani kendi liderliğinde İsrail Devleti'ni kurmak için İsviçre'de toplayacaktı. Amaç ise Büyük İsrail'in temellerini atacak olan, Filistin topraklarında küçük bir İsrail Devleti kurmaktı. Bunun için de Osmanlı'nın güçsüz bırakılıp, Abdülhamid Han'ın devrilmesi ve en sonunda hilafet makamının ortadan kaldırılması gerekiyordu ki bunu dış müdahale ile yapamayacaklarını anlayanlar içerden hazırlığa başlayacaklar, yani Osmanlı'nın öz evlatlarına bu hainliği yaptıracaklardı, onları bir gafil gibi kullanarak.

Bu sözümü yanlış anlamayın. Ben onlara hain demem Abdülhamid gibi gafil derim. Zaten tarihe de böyle bakmak lazım. Değil mi? Hain elbet var ama bu kişiler gerçekten vatan için bir şey yapmayı düşündüler. Evet, çoğu zaman oyuna da geldiler ama amaçları asla hainlik değildi bunu da bilin. Ha bu zamana kadar onları doğru yazan olmadı. Genellikle onlar hep doğru ve dönüm noktası olarak gösterildi. Bu millete okutulan kitaplarda İttihat ve Terakki'nin 1899 yılında "Hürriyet" isteyen gençler tarafından kurulan masum bir fırka olduğu anlatıldı. Aslında o gençlerde kendilerinin böyle bir şeye dâhil olduklarını bilmiyorlardı. Ama inanın 1897 yılında Osmanlı'yı içeriden yıkmak için toplanılan Basel Konferansı'nda çıkan kararlara, bu kendilerine "Genç Osmanlılar" adını takan İttihat ve Terakki üyeleri alet oldular.

İsterseniz İttihat ve Terakki üyelerinin (ki başta Enver Paşa olmak üzere birkaç kişi hariç) hangi localara üye olduğunu bir öğrenin derim. Mesela Talat Paşa'ya bakın, hangi locanın başıymış bir öğrenin. Evet, belki kendilerini saklamak için o localara dâhil olacaklardı ama inanın kendilerini saklamak için, yani Abdülhamid Han'ın hafiyelerinden kurtulmak için dâhil oldukları o localar aslında farkına varmadan onlara yol olacaktı. O localar ise aslında hepinizin bildiği bir gibi Mason Locası idi. Bu dediklerim afaki yani şöyle söyleyeyim hayal değil. Nitekim Talat Paşa da sadece bu locaya üye değil, daha kötüsü o zamanlar Devlet-i Aliyye topraklarının temsilinde başı idi. Hatta "tekris evrakı" bile vardır. Yani yaygın tabiriyle masonluk belgesi. Ha bu locaya dediğim gibi Abdülhamid Han'ın hafiyelerinden saklanmak için girmiş olsalar da ne yazık ki masonlardan çok etkilendiler.

Evet, belki aklınıza haklı olarak "Yapma Allah aşkına, bir loca koskoca Âl-i Osman'ı, 600 yıllık Osmanlı'yı kolay kolay yıkabilir mi?" diye bir soru gelebilir ama buna bir loca olarak bakmamak gerekir. Zaten bende size bunları o kadar yüksek görün diye söylemiyorum ama bunların kendileri doğrudan saldırmadılar. Bizi paramparça ederek saldırdılar. Kimisine Kürt, kimisine Türk, kimisine Arap, kimisine de falan filan dediler. Önceden tek millet vardı, o da Al-i Osman'dı. Ama gittikçe ırkçılaşmaya, ayrılmaya başladık.

Hani bir söz vardır ya "Araplar bizi arkadan vurdu" diye. Evet, kimi Araplar bizi arkadan vurdu, doğrudur. Şerif Hüseyin'i de bu doğrultuda savunacak değiliz ki zaten savunulacak bir adam değildir. Çünkü İngilizlerin oyununa alet olmuştur. Kendisine büyük Arap Devleti verileceğine inanmış ve bu şuursuzlukla isyan etmiştir. Ama onun bu isyanını tüm Araplara yaymak, işte bu ahmaklıktır. Çünkü Kût'ül-Amâre'de bizimle savaşanların içinde Araplar da vardı. Çanakkale Savaşı'nda Mustafa Kemal'in taburunda dahi Araplardan askerler vardı. Evet, bedevilerin ve gerçekten de küçük olmayacak derecede bir kısım Arapların Osmanlı'ya isyan edip devlet kurmak istedikleri doğrudur. Zaten Şerif Hüseyin'in "Osmanlı'ya Neden İsyan Ettik?" diye bir eseri dahi vardır. Ama aynı zamanda, aynı vakitlerde isyana katılmayıp tam tersi Şerif Hüseyin'e karşı savaş verenler de olmuştur. Kût'ül-Amâre'de, Halil Kut Paşa iki katı olan İngilizleri esir ederken aynı zamanda yanında Araplar da vardı. Ha, aynı zamanda Şerif Hüseyin'de hainlik yapmıştı, bunu da söylemekten çekinecek değiliz. Çünkü unutmayın inancın olduğu her yerde yiğitlik ama aynı zamanda namussuzluk da vardır. Zaten yüce Allah Kur'an'ında "Biz insanı en yükseğe çıkardık, sonra da yerin en dibine soktuk..." gibi bir ayet buyurmaz mı? Yani insan en yüce de olur ama aynı zamanda hayvandan aşağı konumda da olabilir.

Burada asıl üzerinde durmamız gereken Şerif Hüseyin'in isyan edip etmemesi değildir. Çünkü Şerif Hüseyin'in isyan edecek olduğu o zamandan, yani çok önceden belliydi. Bunu bilen Abdülhamid Han, Şerif Hüseyin'i her zaman Hicaz Bölgesi'nden uzak tutup İstanbul'a almış ve çeşitli görevler vererek bu isyanın başı olacak bir kişiyi oradan uzakta, İstanbul'da tutmayı başarmıştı. Ta ki 31 Mart Vakasıyla Abdülhamid Han'ın tahttan indirilip, yönetime İttihat ve Terakki'nin geçmesine kadar.

İşte tam burada işin içine İttihat Terakki'nin siyaset bilmezliği girecekti. İttihat ve Terakki iktidarı ele geçirir geçirmez ilk işlerinden biri olarak Şerif Hüseyin'i zararlı birisi gibi görüp İstanbul dışına göndermek olmuştur. Aslında kimileri bunu "Şerif Hüseyin'e özgürlük getirdik." diyerek de yapmıştır. Ama esasında yaptıkları iş; Şerif Hüseyin'in, Abdülhamid Han tarafından İstanbul'a getirilip orada bilerek tutulduğunu anlayamayıp onu İstanbul'dan uzaklaştırarak, zaten ateşini bekleyen o isyan topluluğunun fitiline kıvılcım olarak salmaları olmuştur. Evet, burada hırsızın bir suçu var ama ona kapıyı açıp, gel evimi dağıt, diyen ev sahibinin de bin suçu vardır. Burada Şerif Hüseyin hırsızsa, o siyaset bilmez İttihat ve Terakki'de ev sahibidir. Nitekim İstanbul'dan ayrılması resmen ona altın tepside bir fırsat olarak sunulan ve bu fırsatı hemen kapan Şerif Hüseyin, soluğu Hicaz'da almış; Osmanlı'dan ayrılıp büyük Arap Devleti kurmanın hesaplarını yapmaya başlamıştı bile. Başlamıştı başlamasına ama halifesine sadık Arapları nasıl kandıracaktı? diye düşünürken işin içine yine bu millete yıllarca zulmeden İttihat ve Terakki'nin siyaset bilmezliği karışacaktı. İktidarda bulunduğu dönemlerde İttihat ve Terakki'nin Türkçülük gibi gösterdiği ama aslı ırkçılık olan politikası uygulanacaktı. Aslında o zamanlar çoğu millet ırkçılık yapmaya başlamış, Ermeniler "Ermeni'yiz", Yunanlılar "Yunan'ız", Arnavutlar "Arnavut'uz" diye ayrılmaya çalışıyordu. Arapların içinde de "Biz Arap'ız" diye yeni devlet kurmak için yeni yollara başvuranlar çıkmıştı, doğru. Ama şunu da unutmayın ki biz Âl-i Osman'ın tebaasıyız, biz bu devletin milletiyiz, diyen bir o kadar fazla kişi daha vardı Arapların içinde. Ama gelin görün ki o zamanlar devletin başında olup Arap düşmanlığı yapan kimi kesimler (Cemal Paşa ve tayfası gibi) İngilizlerin eline fırsat verecekti resmen. Ve İngilizler ise "Bakın Türkler sizi kendinden görmüyor." demeye başlayacak; "Hâlâ biz Âl-i Osman'ın milletiyiz!" diyen kimi Arapları da ırkçılık sevdasına düşürecekti. Sadece bu kadar da değildi, siyasetten zerre kadar anlamayan ve Yahudilere onlar vasıtasıyla da son haçlılara hizmet eden İttihatçılar, o kadar yanlış politikalar uyguladı ki; bu millet birbirine düştü. Halkının çoğunluğu Arap asıllı olan Şam Valiliği'nin kapısına, İttihat ve Terakki hükümetinin atadığı vali "Araplar ve köpekler giremez!" diye yazı yazdırmıştı. Varın gerisini siz düşünün ey okuyucu. Şimdi aklıselim bir şekilde düşünün, bunu insan neden yazar? Amacı nedir? Kardeşlik bir yana dursun hele, tam o dönemlerde Araplardan nefret etsen bile politika olarak dahi bunu yazmaman gerekir. Zaten adamlar ayrımcılık peşinde hâlâ, niye böyle hamleler yapar ki insan? Amacı nedir? Bu yazının İngilizlere hizmet edeceğini, onların işine yarayacağını bilmez mi insan? Bu ayrımcı politika son haçlıların da gaz vermesi ile Arapları bize, bizi de Araplara adeta düşman etmişti. İşte bu milleti, bu ümmeti böyle küçük küçük parçalar haline getirenler, ardından yutmaya çalışacaklardı. Ve ne yazık ki o vakitler bunu başaracaklardı. Şimdi de aynı politikayı uygulamaya çalışıyorlar. Ama onların planlarından habersiz olmayan Hak Teâlâ, artık kendinde yeni bir ruh gören bu milletin benliğinde, bu ümmeti "Altın Çağ"a hazırlamakta. Elbet bu çileler İnşallah olgunlaşan yeni düzenin habercisi olacak. Ve şu anda bu çileleri yaşamaktayız. Moğolların saldırdığı zaman gibiyiz. Hem parça parça olmuşuz, hem düşmana boyun eğmekte kimilerimiz. Aslında yıllarca bu durumda olduk ama zaman geçtiğinde Osmanlı'yı ortaya çıkaracak yeni bir dirilişte elbet yine o ruhun düştüğü yerden kaldıracak. Amacım burada şu parti bu parti övgüsü yapmak değil yanlış anlamayın. Sadece tarihe buradan not düşmek için yazıyorum. Kim olursa olsun başımızda, önemli değil. Elbet bir HAKK yolcusu ile bu diriliş gerçekleşecek bunu biliyoruz. Çünkü bir aslanı yani Osmanlı'yı öldürenler, onun kürkünden kırk çakala kürk yapmak istediler ama olmadı. Çünkü aslan ayrıdır, çakal ayrıdır bunu bilemediler. Çakallar aslanın kürkünü taşıyamaz bunu fark etmediler.

Dikkatinizi tekrardan çekmek isterim. Osmanlı'nın yerine 50 küsur devlet kurdular. Şunu iyi görmek gerekir ki bunlar birer devletten ziyade son haçlıların valilikleri durumundaydılar. Nitekim çoğumuzun gördüğü o fotoğrafı aslında ders kitaplarına da koymak gerekir ki bunların sadece bir Haçlı valilikleri olduğunu herkes anlasın.

Bakın şu üstteki fotoğrafa, her şeyi anlatmıyor mu mesela? Önde Irak valisi pardon sözde kralı. Arkasında ise Lawrence ve diğer İngiliz elçiler. Ama Lawrence'a bakın siz. Çünkü aynı Lawrence bu toprakların hepsini Şerif Hüseyin'e vaat eden bir ajan idi. Peki ne oldu dersiniz? Ne ortada Şerif Hüseyin kaldı ne de verilen sözler. Ha şu an belki içinizden bu adama küfür ediyorsunuz ama etmeyin. Adam görevini yaptı sadece. Ve gerçekten de tebrikler diyebiliriz. Başka ne diyelim ki? Mesele biz niye parçalandık? Biz yıllarca gerçekten kardeştik. Kürt'ün Türk kahvesi içtiği, Türk'ün Kürt böreği yediği birlikteliği yaşadık. Biz birbirimize bu kadar bağlıydık ama son haçlıların çizdiği bu sınırlar ise bizim dost milletlerle aramızın açılmasına, birbirimizden habersiz yaşamamıza sebep oldu. Bu da beraberinde ayrışmayı ve güçsüzlüğü getirdi. Bizim hedefimiz tekrardan sınır birliğini sağlamaktır. O da Allah'ın izniyle bu devletin güçlenerek Müslümanlara sahip çıkıp, artık Müslümanların koruyuculuğunu üstlenip "Halifelik bende, hilafet bendedir." dediğinde olacak. Ama bunu diyebilmesi için o gücü kendinden var etmesi lazım, bunu da unutmayın. Elbet bu da olacak. Hani bir şiir vardı. Haçlıları Türk Memlüklülerinin temizlemesinin ardından Arap şairin yazdığı o şiir ve o dizeler. Aslında bu milletin önemi anlatıyordu. Ne diyordu şair;

"Elhamdülillah Haçlıların bayrağı yere düştü,

El Mustafa (sav)'in dini Türkler sayesinde kuvvetlendi.

Savaştan kaçmayı utanç,

Durup soluklanmayı hastalık addeden o Türk ordusu."

Evet, Türkçe'ye çeviri olarak size sunduğum için biraz kafiye bozulmuş olabilir ama anlamına bakın. Amacım burada ırkçılığa sövüp ırkçılık yapmak değil, bu milletin evlatlarının önemini size göstermektir. Çünkü biz şairinde dediği gibi savaştan kaçmayı utanç, durup soluklanmayı hastalık sayarız. Ve bunu söyleyen de bir Türk şair değil, bir Arap şairdir. Çünkü şair olaya millet olarak değil, ümmet olarak bakıyor. İşte biz birbirimize böylesine bağlı bir ümmet idik. Bu yüzden bilinçlenin ve kıyamet savaşlarından önce var olacak o ahir savaşlarına kendinizi hazır edin.

Belki şu an yaşamıyoruz ama ahir zaman savaşı için en büyük ateşin fitili buradan ateşlenecek. İnsanlar buradan bir olup savaş diyecek. Hilafet buradan yükselecek. Nice âlimlerin şu an İstanbul'da yer ettiğini belki çoğumuz bilmiyoruz. Ama onlar bu savaşın yaklaştığının farkında. Kıyamet alametlerini belirten hadisler doğrultusunda, buradan bir savaşın çıkıp asıl konumuna geleceğinin ki her şeyden öte bunun yaklaştığının farkındalar. Nitekim kıyamet alametleri bir bir gerçekleşmekte. Nitekim Hz. Peygamber insanların birbirleri ile bina yarışına gireceğini söylediğinde en büyük bina 2 katlı idi. Şimdi ise Araplara bir bakın dünyaya bir bakın. Hz. Peygamber hadislerinde her zaman Şam'dan bir fitne çıkacak demekte. Fitnenin merkezi olarak hep Şam gösterilmekte. "Peki, o zaman ki Şam, şu anki Şam mı?" tam olarak değil. O zaman ki Şam'ın büyüklüğü şimdiki Suriye gibi. Yani Hz. Peygamber durmadan bu yerlerde fitnenin yükseleceğini hep söyledi ki şimdi baktığınız da bunu görüyorsunuz. Suriye'deki savaşın derinliğini fark ediyorsunuz. Amerika'sı, Rus'u, İngiliz'i, Alman'ı, İsrail'i hatta Çin'i ve Japon'u dahi burada. Belki bazılarının isimlerini duymuyorsunuz ama dünya burada bir savaş vermekte, sadece fark etmiyorsunuz. Ama kıyamet savaşları Suriye'de başladı ve inanın daha da ahir zaman savaşlarına yaklaşmakta. Hatta bir hadis var, bir ordudan bahseder Hz. Peygamber. Kılıçlarını zeytin dallarını asarlar, der. Ve sarı bayraklılar ile savaşırlar, der. Evet, belki bu zamana kadar zeytin dalı barış olarak yorumlandı, belki de şu an ki olanlar anlatılmakta. PYD'nin bayrağına bir bakın, sarı bayraklılar kim acaba? Şimdi burada "Deccal kim?" diye bir soru gelebilir akıllara. Gerçekten bir canavar mı? Aslında hadislere işte bu yerde farklı bakmak lazım. Nitekim Hz. Peygamber bir hadisinde, deccal geldiğinde buradan konuşur filan yerden duyulur dediğinde; sahabeler bunun imkânsızlığını söyler. İşte o zaman Hz. Peygamber "Sizin için imkânsız ama o zaman için basit." der. Peki, buna ne dersiniz? Kimileri telefon olarak yorumlamakta. Nitekim öyle görünmüyor mu sizce de? Ne ise bu konu hakkında çok yazılır aslında ama uzatmanın anlamı yok. Kısaca diyeceğim, kendinizi ve evlatlarınızı bu duruma hazırlayın. Bilinçlenin, nitekim Hz. Peygamber bir hadisinde "Deccal onlara su gösterir ama o ateştir. Onlara ateş gösterir ama o sudur." buyurur. İşte bu hadisten korkun ve bilinçli olun. Olun ki kaybedenlerden olmayın. Evet, biraz konu dağıldı. Konudan konuya geçmiş gibi oldum ama önemi yok. Zaten seninle burada sohbet ediyoruz. Kronolojik bir kitap yapıp, al işte tarih böyle diye sıralayabilirdim ama ben samimiyeti seviyorum. Biliyorum belki ilk defa bir kitap seninle konuşuyor ama sıkıntı etme, heyecan yapma, yine uzan, yine çayını al, ister kravat ile oku ister pijama. Ama aklını düz tutma. Bu ne demek dersen? Yani ideolojik saplantılı bir şekilde bakma olaylara. Şu an belki çok suya sabuna dokunmadım ama ileride bu konulara gireceğim. Belki istediğin kelimelerden cümle kurmayacağım. Belki kelimelerimden istemediğin bir cümle ortaya çıkacak ve işte bu yüzden "senin gibi kitaba..." deyip atacaksın. İlerisini anlamadan. Ama lütfen bekle ve okumaya devam et. Çünkü anlaşılmamış devirlerin hikâyesini anlatacağım sana. Bir varmış bir yokmuş demeyeceğim tabii ki. Ama bildiklerini bazen alt üst edebilirim. Ha, korkma bu kitabın sonunda ateist olmak yok. Ama arada böyle muhabbetlere dalmak var, umarım seni sıkmıyorumdur.

Neyse buraya nereden geldik şimdi diye düşünme sırasına gelelim. Evet, buraya hilafetten gelmiştik. Yani diyeceğim hilafeti uzaklarda aramaya ne hacet, zaten bu tarihin bize yüklediği bir vazifedir. Bir düşün şu an dünyanın geçiş noktası gibi olan bu yer, yani şu Anadolu toprakları ve resmen dünyanın merkezi konumu gibi önemli olan bu topraklar... Şu zamanda Türklerin elinde.

Bir düşünün, burada Türkler değil de başka bir devlet olsaydı o zaman tarih acaba nasıl oluşurdu? Resmen Allah kaderi çizmiş bu kaderde de Türkleri başrole koymuştur. Ve kaderimizin bize yüklediği bu vazife, bizim büyük düşünmemize sebep olmak zorunda. Öylesine büyük ki hilafetle yetinmeyecek kadar büyük. Hazreti Peygamber'in müjdelediği, Hindî Mahmud'un "Kızılelma" olarak nitelendirdiği Roma'nın fethi kadar büyük. Evet, doğru duydun belki de kafan dağınık tam anlamadın, İstanbul dedim sandın ama hayır müjdelenen Roma'nın fethidir. Bizim millet bunu pek dillendirmez. Aslında bilmez de zaten millet bunu. Tıpkı İstanbul'un fethinden önce olduğu gibi. İstanbul'un fethinden önce de "İstanbul elbet fetih olunacaktır. Onu fetheden komutan ne güzel komutandır. Onu fetheden ordu ne güzel ordudur." Hadis-i Şerif'i zayıf kabul edilip pek dillendirilmediği gibi. Lakin buna hakkıyla inanan bir komutan ve onun kutlu askerleri aşılmaz denilen surları aştı. Şimdi sıra bizlerde.

Ahmed bin Hanbel'den bize ulaşan bir Hadis-i Şerif'e göre, bir gün sahabeler Peygamber Efendimiz'e gelip soruyorlar "Ey Allah'ın resulü hangisi önce fethedilecek, İstanbul mu yoksa Roma mı?" Allah resulü ise şöyle buyuruyor: "Önce İstanbul fetih olunacak." Bu hadisten anlıyoruz ki Peygamber Efendimiz sallallahu aleyhi ve sellem, İstanbul'un fethini müjdelediği gibi aynı zamanda Roma'nın fethini de müjdeliyor. Bunun gibi hadisleri başka âlimler de rivayet etmişlerdir. Tamam, farkındayım haklı olarak bana "Daha Kudüs esir iken ne Roma'sı?" diyorsun. Doğrudur hakkın var. Ama elbet sana başta da anlattığım gibi İslam'ın ordusu İstanbul'dan kalkıp, Şam üzerinden Kudüs'e gelecek ve inanın şu an öyle bir dönemden geçiyoruz. Ne zaman olur tam tarihi bilmem ama çok yakında olacağını bilirim. Nitekim İmam Müslim, Kitabü'l Fiten'deki bir hadisi rivayet eder: "Ümmetimin ordusu üçe ayrılacak. Birinci bölümü küffara karşı yenilecek, ikinci bölümü şehit olacak, üçüncü bölümü ise İstanbul'a gidecek, İstanbul'u fethedecekler. İstanbul'u fethedince kılıçlarını zeytin dallarına asacaklar." Yani Resulullah buyurur ki, altı asır barış olacak. Nitekim zeytin barışı temsil eder. Ha bu arada gördüğün gibi böyle de yorumlandı bu hadis. Bu anlama da gelebilir. Nitekim Osmanlı ile birlikte İslam topraklarında esenlik olmadı mı zaten? Sonra diyor ki, İstanbul'dan Şam'a doğru, Kudüs'e doğru büyük bir ordu yola çıkacak. O büyük orduyu engellemek için her yola başvuracaklar ama nafile, İslam'ın ordusunun önünde kimse duramayacak. Şu anda ise bu savaşın eşiği olmuş bir zamanda durmaktayız. Zaten dünya her daim savaşın eşiğinde olmuştur. Ama bu zaman çok farklı. Evet, tarih çoğu zaman iki üç devletin savaşına tanıklık etmiştir. Çünkü bu zamanlar dünya süper güçlerinin olduğu zamanlardır. Osmanlı, Roma, Selçuklu gibi süper güçlerin olduğu zamanlarda savaşlar birkaç devlet arasında olmuş ve tahribat, zayiat az olmuştu. Unutmayın, eğer zamanınızda süper güç olan hiçbir devlet yoksa, işte o vakit kaos olur dünyada. Batı'nın tabiriyle "Dünya Savaşı" olur. I. Dünya Savaşı işte böyle olmuştur. Süper güç Osmanlı'nın tarih sahnesinden çekilmeye başlaması ile birlikte, süper güç eksikliği dünyayı kaosa sürüklemiş ve büyük yıkımların olmasına sebep olmuştur. Ardından adaletsiz toprak paylaşımı ise II. Dünya Savaşı'nın çıkmasına sebebiyet vererek katliamlar yaşanmıştır. Hem de ne katliamlar. Hemen aklınıza Hitler'in Yahudi soykırımı gelmesin lütfen. Eğer böyle bir soru aklınızdan geçti ise benim size vereceğim cevap bellidir. Ne soykırımı ne Yahudi'si? Onların hepsi bir oyundu, Yahudi oyunu! Bu sözümü klasik bir söz olarak görmeyin. Her taşın altında Yahudi aramıyorum ama Erbakan Hoca'nın dediği gibi Yahudilerin o taşın altını da boş bırakmayacağını biliyorum. Konuya dönersek; II. Dünya savaşında ölen insan sayısı kaçtır? 60 milyondur. Fakat dünya bunun sadece onda biri kadar olan 6 milyon Yahudi'yi konuşur ki ve kardeşim "6 milyon az mı?" demeyin. Çünkü öyle abartıldığı kadar 6 milyon da değildir. Çok azdır onların sayıları. Zaten o zaman 6 milyon Yahudi öldürülse idi, şimdi kıt kanaat var olan nüfusları hiç olur muydu? Peki niye böyle bir şey oldu derseniz... Amaçlarından biri de Yahudileri Filistin topraklarına göçe zorlamaktı. Bazılarının dediği gibi II. Dünya Savaşı sadece bunun için çıkarıldı demeyeceğim. Ama bu iddialar sonucu, Hitler Yahudilere soykırım yapıyor, diye yaygara kopardılar. Hitler'i de günah keçisi ilan ettiler. Nice Yahudi bu korku ile Avrupa'yı bırakıp o zaman için çöl gibi kuru topraklara geldi. Yoksa insanlar çok affedersiniz ama mal mı, oradaki muhteşem hayat düzenini bırakıp Arz-ı Mev'ud hayali içinde olsun. Siyonist zihniyetin peşine takılıp bu kuru topraklara gelsin. Ha peki sen nereden biliyorsun bu soykırımın yalan olduğunu dersen... Aslında bilmiyorum çünkü bilme şansım yok. Neden mi? Çünkü şu anda hâlâ Holokost'un yani Hitler'in yapmış olduğu Yahudi soykırımının araştırılması yasaktır. Şimdi sor kendine neden yasak. Yoksa gerçeklerin ortaya çıkmasından mı çekiniyorlar? Ama her şeyden öte bu olanlar Avrupa'nın ezik yüzünü göstermekte. Nitekim Avrupa o kadar alçalmış ve aptal duruma düşmüştür ki kendi ırklarından, dinlerinden olan 60 milyonun derdine düşmek yerine, 6 milyon Yahudi'nin derdine düşmüş ve oyuncak haline gelmiştir. Ha bu adamlar yeni mi çıktı derseniz... Başta da dediğim gibi aslında çoğu zaman farklı durumlar içinde bulundular. Ama şunu da eklemek gerek ki kendilerini çok iyi saklamaktalar ve soylarına çok iyi sahip çıkmaktalar ama her şeyden öte çok iyi gizleniyorlar. Yani öyle çok öne çıkıp da kendilerini göstermezler. Öyle bir teşkilat yeteneğine sahiptirler ki öne çıkanları bazen ellerinde oynatırlar. Zaten şu an ki dünya düzeni böyle bir şey değil mi? Ne yazık ki böyle. Ortada adam yok ama perde arkasında nice planlar dönmekte. I. Dünya Savaşı'ndan sonra hep böyle oldu. Ve bu yüzden düne bakıp bugünü yorumlar isek yeni dünya savaşının yaşanması da inanın çok uzak değil. Nitekim II. Dünya Savaşı sonrası aslında Amerika ve Rusya süper güç olamamışlardır, sadece birbirlerine gözdağı vererek halklarını bir arada tutma çabası içerisine girmişlerdir. Unutmayın, devletler sürekli olarak kendilerine bir düşman seçerler ve onlarla dalaşırlar ki halkları dış düşmana karşı hep birlik içinde olsun. İşte bu bir devlet stratejisidir. Eğer sen devlet olarak bir düşman edinmezsen, halkının milli duyguları zayıflar. İşte o zaman da kendi iç çatışmalarını ön plana çıkarırlar. Rusya ve Amerika'da geniş topraklarını ve aşırı nüfuslarını bir arada tutmak için şu anda bunu yapmakta. Lakin dünyayı daha fazla oyalayamayacaklarının farkındalar. Ve dünya şu anda süper güç boşluğu içerisinde olduğu sebebiyle yeni bir dünya savaşına gebe bir duruma gelmiştir. Unutmayın; I. Dünya Savaşı'nın sonuçları II. Dünya Savaşı'nı tetiklemişti. II. Dünya Savaşı'ndan sonra ise Fransız İhtilali'nin milliyetçilik ve halkçılık ilkesine göre çizildiği iddia edilen sınırlar esasında büyük devletlerin yeni bir savaşı göze alamadığı için geçiştirmelik olarak çizilmişti. Tüm milletlerin vatandaşları toprakların dışında dağınık halde bulunurken kimse de durumdan memnun değildi. Ya da şöyle diyelim; milletlerin yöneticileri aslında kendilerinden olmadığı için halklarına güven vermemekteydiler. İşte bu tehlike potansiyeli III. Dünya Savaşı'nın tetikleyicisi olacaktır. En başta da Balkanlar ve Orta Doğu. Çünkü en büyük sınır mağdurları ve kukla yöneticiler o topraklarda ve batı şu an bu durumun farkında ve korku içinde. Tıpkı eskiden olduğu gibi. Nitekim Avrupalılar yaklaşık 400 yıl boyunca İslam deyince Osmanlı'yı, Kur'an deyince Türklerin incilini anladılar. Ve iman etmeyen bu toplumlar korkuyla yaşamaya her zaman mahkûmdurlar. Biz imanımızla bu korkuların üzerine giderek tekrardan yeneceğiz onları. Bizim onlara karşı attığımız ufak bir kıvılcım onlar için kontrol altına alınması güç bir yangın haline gelecektir. Ve şu an o kıvılcım Avrupa'nın tam göbeğine isabet etmiş durumda, o ki İslam kıvılcımı. Ve bunu gören Avrupa işte bu yüzden (sözde) İslami örgütler ortaya çıkarıyor ve medyaya bunu hem haber hem de film ve dizi olarak servis ediyor ki Avrupa'da dünyada yaşanan bu Müslüman olma hareketi dursun diye. Ama bunu başaramayacaklar. Çünkü Avrupa'da günden güne İslam yükselmekte. Kim bilir belki de Hz. Peygamber'in güneş doğudan değil de batıdan doğduğu vakit kıyameti bekleyin hadisi bunu anlatır. Kim bilir belki de güneş yani İslam'ın batıdan yükselişini anlatmakta. Ama tabi bu bir yorum. Fakat Batı'da İslam'ın yükseldiği bir yorum değil gerçektir.

Çünkü şu an Batılılar İslam'ın ehli kitap statüsü verdiği Hristiyanlığı yaşamıyorlar. Hepsi Yahudilerin ellerinden aldığı kültür ve inançlarını kaybetmiş durumda yaşamaktalar. Ve işte bu yüzden Yahudilerin kendilerine gösterdiği ateizme sarılıyorlar, fakat nafile! Batı insanı büyük bir inanç boşluğu içinde bocalarken mutlu olamıyor. Medyanın kendilerine verdiği İslam düşmanlığı ile tatmin olmaya çalışıyorlar. Bu da kendilerine yetmeyecektir. Biz oraya İslam'ı taşıdığımız vakit inanç boşluğundaki o insanlar öbek öbek İslam'a koşacaklar. İnanın buna az kaldı. Ha eğer sorarsanız biz İslam'ı oraya nasıl taşıyacağız diye... Öncelikle Hz. Peygamber'in şu hadisini çok iyi kavramamız gerekiyor: "Her doğan İslam fıtratı üzerine doğar. Sonra anne babası onu Hristiyan Yahudi ve Mecusi eder." Her insan yaratılışı itibariyle tertemiz imana ve İslam'a en müsait fıtrattadır. Batı insanı da böyledir. Lakin onlar şu vakitte çevrelerinin ve yöneticilerinin verdiği tesirle inanç boşluğu içerisindeler. İslam'la tanıştıkları vakit İslam'a ısınacak ve İslam'ı seçecek fıtrattalar. Bunun içinde bizim onlara medyada gördükleri İslam'ı değil hakiki İslam'ı götürmemiz lazım. Fıtratları bunu beklemekte. Bunun nasıl olacağına gelince; tam bir Müslüman Türk taktiği ile olacak. Anadolu fethedilmeden önce Anadolu'ya gönderilen erenleri bilirsiniz ya, tıpkı öyle işte. Anadolu'ya gelen erenler önce insanların kalbine indiler, halk onlara ısındı, onlar da halka. Sonrasında ise gelen İslam'ın orduları yalnızca katı kalpli yöneticiler ve paralı askerler ile savaşıp onları yendi. Yani çok basit. Aslında bizim Avrupa'ya olan fetih hareketlerimiz başlamış durumda. Her yıl yurtdışına gönderdiğimiz imamlarımız, oralarda faaliyet gösteren vakıf, dernek ve yardım kuruluşlarımız bunun temellerini atmakta. Bize ise kalan, güçlü ordularımızı o güne hazırlamak olacaktır. Şimdi size Amerikalı bir Hristiyan'ken İstanbul'da İslamiyet'i seçip tekrar Amerika'ya döndüğünde Amerikan halkının gönlünde yer eden bir Amerikalının, belki de bir Türk casusu olmuş kişinin o ilginç hayatından bahsedeyim. Amerika'da meşhur Ben-Hur romanının yazarı aynı zamanda 1881-1885 yılları arasında Osmanlı'da elçilik yapan Lew Wallace.

Wallace adet olduğu üzere yeni Amerikan elçisi olarak Sultan Abdülhamid'in huzuruna davet edilir. Bir grup Osmanlı askeri refakatinde geldiği Yıldız Sarayı'nda Sultan'a takdim edilecek ama hediyeler gelmediği bahanesiyle 10-15 dakika burada bekletilir. Bu bekletme aslında Osmanlı'nın azametini göstermek amacıyla yapılan bir devlet politikasıydı. Fakat Osmanlı son zamanlarında bu politikadan büyük ölçüde vazgeçmişti. Bu durumdan cesaret alan Wallace padişahın hizmetlilerinden İbrahim Bey'e "Lütfen yüce Sultan'a daha fazla beklemek istemediğimi söyleyiniz." der. Birkaç dakika sonra Wallace ve beraberindeki heyet bir başka odaya alınır. Burada Plevne Kahramanı Osman Paşa, Hariciye Nazırı Asım Paşa, Osman Bey ve Münir Paşa hazır beklemektedir. Bir süre sonra Wallace yanındakilerle birlikte Sultan'ın huzuruna alınır. Tercümanlar aracılığıyla takdimler yapılır. Abdülhamid, Wallace'ı yeni görevinden dolayı tebrik ettikten sonra Amerika hakkında çeşitli sorular sorar. Konuşmalar bir süre devam ettikten sonra Wallace Abdülhamid Han'a bakıp: "Amerikan halkının temsilci olarak yüce Sultan'ın elini sıkmak istiyorum." der. Fakat tercümanlar bu talebin, İstanbul'un diplomatik geleneklerine aykırı olduğunu bildiği için; üstüne üstlük birde Sultan'a karşı bir hakaret olabileceği düşüncesi ile Wallace'ın bu talebini tercüme etmek istemezler. Tam bu sırada Abdülhamid: "Ne oluyor? Neler konuşuyorsunuz?" derken durum kendisine izah edilir. Sultan sakince bir iki adım atar ve Wallace ile el sıkışır. Bazılarına göre bu durum 600 yıllık Osmanlı tarihinde ilk defa bir padişahın gâvur biriyle el sıkışması olarak gösterilmiştir. Ama ne olursa olsun Abdülhamid'in o hareketi Wallace'ın kalbine giden ilk yol olmuştur. Artık Wallace Abdülhamid'e ısınmaya başlamıştır bile. Bu olaydan sonra Wallace ve Abdülhamid sık sık bir araya gelmişler, ziyaretlerinde bol bol Türk tütünü ve Türk kahvesi içmişlerdir. Evet, belki aklınıza Abdülhamid sigara içer mi hiç, diye bir soru gelebilir. Ama vereceğimiz cevap bellidir. İçerdi, hem de ne içerdi. Vahdettin de içerdi, Atatürk de içerdi, Necip Fazıl da içerdi. Bu kötü alışkanlığı çoğu kişi edinmiş ama pişmanlıklarını da dillendirmişlerdir. Abdülhamid ise belki yalnızlığından dolayı böyle içerdi. Çünkü devlet adamı olmak bunu gerektirirdi. Kalabalıklar arasında yalnız kalmayı gerektirirdi. Kendisinin özel olarak yaptırdığı sigara kâğıtları bile vardı. Üzerine Latin harfleriyle "A.H." yazardı. Hatta öyle ki özel Osmanlı kahvesi ile birlikte içerdi tütünü. Neyse işte konuya dönmek gerekirse, gün geçti devran döndü. Her fırsatta Abdülhamid'e biraz daha ısınan Wallace'ın da vakti dolmuştu. O dönemde Amerika'da karşı partinin adayı yeni başkan olarak seçildiğinde, eski diplomatların görevden alınması Amerikan dış işlerinde yaygın olan bir uygulamaydı. Kendisi cumhuriyetçi olan Wallace, 1885 yılında Demokrat Parti adayı Grover Cleveland başkan seçince geleneğe uyarak istifa eder. 5 yıla yakın Abdülhamid ile çalışan Wallace artık Sultan'dan gerekli terbiye ve edebi almıştır. Sıra Amerika'ya dönüp orada insanların gönlüne hitap etmeye gelmişti. Devlet adamlığının yanı sıra yazarlık şahsiyeti olan Wallace'a, ne oluyorsa oluyor Amerika'da adeta Osmanlı yanlısı politikalar ile hareket ediyordu. Amerika'da gündeme gelen ve Osmanlı'nın üzerine bu konu ile gidilen; yani bahsettiğim Ermeni olayları iddialarının ayyuka çıktığı o dönemde, bunların asılsız olduğunu yazıp basında büyük yankı uyandıran kişi yine Wallace idi. Ardından 1893 yılında yayınladığı "Hindistan'ın Prensi ya da Konstantiniyye Niçin Düştü?" adlı tarihi romanında; Osmanlı hanedanını anlatır ve Amerikalılara yanlış tanıtılan Osmanlı'yı doğru tanıtmak ister. İşte burada akıllara bir soru geliyor. Bu adama bir anda ne oldu ki hem Osmanlı'yı övüyor, hem de kendi dindaşı olan Ermenilere değil de Türklere sahip çıkıyor? Aslında bu sorunun cevabını da o öldükten sonra hanımının tamamladığı otobiyografisinin son cümlesinde buluyoruz. Şu an heyecanlanıp acaba ne yazdı ki diye merak ediyor olabilirsiniz. O zaman cevaplayalım. Otobiyografisinin son satırlarında aynen şu yazıyordu " ... O (yani Wallace) yeni dünyayı, evrensel dini, bir olan Allah'ı buldu". Evet, işte Wallace'ın ölümünün ardından eşinin onu anlattığı son söz bu idi. Yani Müslüman olduğunu söylüyordu.

Her şey ise Abdülhamid'den sonra oluyordu. Peki, Müslüman olmuş olabilir ama casus olduğunu nereden çıkardın, diye sorarsanız aslında bunun da cevabı açık. Çünkü Müslüman olmuştu ama Müslümanlığını her zaman saklamıştı ki;

bu sayede Müslüman kimliğini gizleyerek Müslümanlara ve Türklere olan saldırıların daha etkili bir şekilde durdurulmasında büyük etki sağlamıştı o vakitler. İşte meselenin ince ayrıntısı burada. Müslüman olduğu halde hâlâ Hristiyan gibi davranıp Müslümanları övüyor olması. Evet, gördüğünüz gibi Abdülhamid Han'ın bu hamlesi gerçekten büyük bir başarı idi. Ama onun bu başarısı, onların başarısını örtüyor değil.

Ne yazık ki biz Hristiyan görünüp Hristiyanlara etki ettik. Ama onlarda Müslüman görünüp Müslümanlara etki etti. Hatta çoğu zaman öyle ki, Müslüman görünmelerine bile gerek kalmadan Hristiyan kimlikleriyle pazarlıklara giriştiler Ortadoğu'da.

Kimden bahsettiğimi anlamışsınızdır. Çöl Tilkisi Lawrence'tan bahsediyorum. Aslında çoğu kişi onun yaptıklarını duyunca zannediyor ki; Müslüman görünüp bazı bedevi Arapları kandırdı. Hayır, aslında tam tersi Hristiyanlığını göstere göstere kandırdı o bazı bedevi Arapları. Onlara gelecek vaat etti. Aslında şimdi de çok farkı yok. Bazı Arap devletlerini yine kandırmaktalar. Eskiden güçlerinden dolayı sömürdüler, şimdi ise paralarından dolayı.

Aralarında adam akıllı çıkıp bizim yanımızda olan devletler olduğu gibi, karşımızda düşman kesilen devletler de var. İşte o gün de bugün gibiydi.

Ama o gün onların karşısına bir "Çöl Kaplanı" da dikmeyi bildi Osmanlı. Adını duymuşsunuzdur elbet. Fahrettin Paşa derler. "Çöl Kaplanı" unvanı nereden çıktı, derseniz... Aslında bu unvanı ona veren ne padişahtır, ne askeri ne de halktır dostlarım. Ona bu unvanı veren; onun baş düşmanı, çöl tilkisi, İngiliz casusu, Lawrence idi.

Lawrence her şeyden öte, hayal vermesine rağmen gerçekçi bir adamdı. Bir adamdan korktuğunda ya da hayran kaldığı zaman bunu belli ederdi. Nitekim Fahrettin Paşa'nın çabalarından ve direnişinden gerçekten korkmuştu. Fahrettin Paşa hem onun gözünü, hem de diğer İngiliz komutanlarını öylesine korkutmuştu ki; İngiliz Yarbay Beasett onun için "Kaburgalarına kadar tam bir askerdir." demekten kendini alıkoyamayacaktı. O Peygamber sevgisi ile dolu kahraman, bir Osmanlı paşasıydı. Son askerine, son mermisine, son damla kanına kadar Medine'yi savunmuş; yeri geldiğinde askerleri ile birlikte çekirge yemiş ama asla Medine'yi teslim etmeye yanaşmamıştır. Hatta hükümetin ve Harbiye Nezareti'nin direnişe son verme ve teslim olma emrine itaat etmemiş; "Medine'nin anahtarlarını bir İngiliz yüzbaşısına teslim et diyorlar. Böyle bir şey yapmaktansa silahlarımızla dövüşerek ölmek evlâdır. Buranın teslimi için yalnız harbiye nazırının ve hükümetin emri yetmez. Mutlak hilâfet ve padişahın bir iradesi olmalıdır." diyerek karşı çıkacaktı. Kendisini zorlayan askerlere ise şöyle cevap verecekti. Bu arada, bu cevabı yazmadan önce iyice bu satırlara odaklanmanızı istiyorum. Çünkü bu cevap bu milletin, gerçekten ümmet için ne kadar önemli bir noktada olduğumuzu gösteriyor. O gün ne söylediğine gelince. Askerlerine dönüp:

– Bana bırakmamı söylemeyin, bırakamam. Çünkü dün Hz. Peygamber'i rüyamda gördüm, beni bırakma diyordu. Şimdi söyleyin, buna rağmen nasıl bırakırım bu yeri." Evet, işte aynen böyle diyordu. İnsanın içi gidiyor bu satırları okuyunca. Ve işte o zaman insan anlıyor ki; senin Türk milleti olarak, Anadolu evladı olarak, üzerinde bir sorumluluk bulunmakta. Sadece kendi milletinin değil ümmetin sorumluluğu bulunmakta.

Peki, sonra ne oldu derseniz... Belki bazılarınız biliyordur, en sonunda bırakıyor Fahrettin Paşa. Peki, nasıl bırakıyor, konusuna gelirsek... Orası ise ayrı bir hüzün. Gelen hiç bir emiri dinlemiyor, hiç bir tehdide kulak asmıyor. Ama en sonunda askerleri tarafından tutuklanıyor. Askerleri komutanlarının emrini dinlemeyip, hükümetin emrini dinleyerek Fahrettin Paşa'yı tutuklamak zorunda kalıyorlar. En sonunda zorla tutuklanıp görevden alınıyor. Ama görevden alınmadan önce çok önemli bir hamle yapıyor ve Medine'deki o kutsal emanetleri hızlı bir şekilde İstanbul'a gönderiyor. Belki tarih boyunca yapılan en önemli hamlelerden biridir bu hamle. Abarttığımı düşünmeyin ama gerçekten böyle. Çünkü Fahrettin Paşa biliyor ki; eğer o kutsal emanetler orada durursa, Osmanlı oradan gittikten sonra orada kalmayacak ve İngilizlerin eline geçip, İstanbul'dan ve diğer yerlerden çalındığı gibi o eserleri de çalıp kendi müzelerine götüreceklerdi. O nam-ı diğer British Museum'a. Yüzde 70'i çalıntı olan müzeye. O zaman bizde kutsal emanetleri, artık İngiltere'ye gidip Hristiyan korumalar arasında ziyaret ederdik. Hem onları ziyaret eder, hem de bizden aldıklarını. Aslında bizden aldıklarını şu an oraya gidip ziyaret edebilirsiniz. Çünkü adamlar İstanbul'dan göz göre göre, hele I. Dünya Savaşı sonrasında neler aldılar neler.

Örnek vermek gerekirse şu fotoğrafa bakmanız yeterlidir. Peki, bu fotoğrafın hikâyesi ne derseniz... İki İngiliz, iki top ve bir İstanbul. Ama hikâyesi sadece bu değil...

Bu topun önemi nedir, diye düşünenler var ise ben söyleyeyim. İstanbul'un Fethi'nde kullanılan toplardan biri. Peki, ne oluyor derseniz bu fotoğrafta? Şu an o iki bilmem ne belanın, bilmem ne belaları kendi ülkelerine götürmek için limana getiriyorlar topu bu fotoğrafta. Uzatmayalım efendim ama anlayacağınız şu an İngiltere'de sergilenen o toplar, aslında bizim İstanbul'u fethederken kullandığımız toplardır. Bizde bile yok ama onlarda var. İşte onlar böylesine hırsızlardır. Eğer Fahrettin Paşa, o kutsal emanetleri zamanında İstanbul'a göndermiş olmasaydı, şu an belki Hz. Peygamber'in hırkasını ve diğer kutsal emanetleri de İngiltere'nin sergilediği müzede izliyor olurduk. Biliyorum bu satırları okurken aklınızdan "Ee kardeşim, çalınan misket değil koca top. Bu çalınırken bizimkiler neredeydi?" diye bir soru geçiyor. Bu konu hakkında bir şey diyemem ama nasıl çaldıkları konusunda kısa bir örnek verebilirim. Misal haberlere bakarsanız, görürsünüz. Bir vakitler Topkapı Sarayı'nda bir yangın çıkmıştı. Sonra yangının söndürüldüğü vakit, bazı kişiler çıkıp bazı eserlerin zarar gördüğünü ve bazılarının da yandığını söylemişti. Sonra aradan 2-3 ay filan geçti. Ne oldu dersiniz. O yandı denilen kilimlerden biri Fransa'da bir müzede sergilenirken ortaya çıktı. İşte böylesine inceden inceye çalıyorlar. Ama işin acı yanı ise... Bu hırsızlıklar yapılırken, yine bu toprakların evlatlarını kullanmaları. Hâlbuki bu toprakların evlatlarından biri olan Fahrettin Paşa, bu eserleri korumak için canını dişine katmış ve ölüm riskini göze almıştı. Ama gel gör ki işte... Neyse elbet her milletin yiğit evlatları olduğu gibi, kahpe evlatları da olacak. Zaten bu da bu milletin kaderi olmuş durumda. En çok kahramanı da bu millet çıkartıyor; ne yazık ki en çok haini de. Fahrettin Paşaları da çıkardı, Lawrence'tan daha fazla zarar veren hainleri de. Elbet zamanı geldiğinde (bunu afili cümle kurmak için söylemiyorum ama) çoğu, bu yaptıklarının bedelini ya kendi ödedi, ya da kader ödetti. Misal Lawrence. Çoğu kişi diğer hayatını bilmez ama acı bir sonla bitiyor. 46 yaşında bir trafik kazasında ölüp gidiyor. Peki, kim sebep oldu? Bulunamadı ve hâlâ bunu araştırıyorlar. Kim bilir belki de yanına bırakmadılar. Kim bilir belki de bir el ona bu yaptıklarının cezasını ödetti, o genç yaşında. Kim bilir belki de girdiği o âlem ona ağır geldi. Zaten öylelerinin sonu hep böyle oluyor. Ya o âlem ödetiyor ya da kader.

Kader ya da bir el bunlara bunu yaşadıklarını ödetiyordu. Ama bunlar kansızlıklarından asla vazgeçmediler. Bazen öyle hamleler yapmışlıkları var ki, inanın insanın kanı donar. Hatta bir keresinde bu kansızların Peygamber Efendimiz Aleyhisselam'ın kabrine bile saldırı yapmaya girişecek kadar gözleri dönmüştü.

Olayı anlatalım... Haçlı Seferleri'nin en şiddetli yıllarında, Suriye'de bulunan Türk Devleti' nin hükümdarı Nureddin Zengi, 1162 senesinde bir rüya görür. Rüyasında Peygamber Efendimiz iki adamı Sultan'a göstererek "Nureddin bu adamlardan beni kurtar" diye buyurur. Yatağından fırlayan Sultan "Bu rüya doğru bir rüyadır." der ve Resulullah tehlikededir diye düşünerek sabahı dahi beklemeden yanına sadık 20 kişiyi alarak, 16 gün gibi kısa bir sürede Medine-i Münevvere'ye varır. Halk Sultan'ın bu ani ziyaretine hem sevinir hem de şaşırır, fakat ne olduğunu hiç kimse anlamaz. Sultan ise gelir gelmez hemen emir verir "Yarın genç-yaşlı, kadın-erkek, çoluk-çocuk bütün halk meydana gelecek ve bizzat sultanın eli ile hediye dağıtılacak." diye ilan ettirir. Kimse ne olduğunu anlamaz, bunun niçin yapıldığını bilmez. Neyse ertesi gün geldiğinde halk meydana toplanmıştır. Sultan'ın eliyle bir bir hediyeleri almaktadırlar. Sultan ise gelenlerin yüzlerine dikkatle bakmaktadır. Çünkü rüyasında Hz. Peygamber'in gözleri, beni bunlardan kurtar dediği iki kişinin yüzünü aramaktadır. Zaman geçer, insanlar bir bir tükenir ama hâlâ o iki kişi gelmemiştir. Ve en son kişiye geldiğinde ise Sultan öylece bakmakta ama istediği kişiyi bulamamaktadır. En sonunda sultan valiye dönüp: Buraya başka kimsenin gelip gelmediğini sorar, gelmeyen kaldı mı, der. Vali herkesin geldiğini başka kimsenin kalmadığını söyler. Sultan şaşırır çünkü rüyasının doğru olduğuna inanmaktadır. Evet, o Hazreti Peygamber'di ve Hazreti Peygamber yalan söylemezdi haşa! Ama ne oluyordu? O da anlamamıştı. Öylece derin derin düşünürken Vali, Sultan'ın yanına gelip:

"Sultan'ım eğer bir mahsuru yoksa ne aradığınızı benimle paylaşır mısınız?"

"Aslında ben de ne aradığımı tam bilmiyorum. İki kişiyi arıyorum, burada olmaları lazımdı. Çünkü rüyamda Hazreti Peygamber'i gördüm ve bana o iki kişiyi gösterip, beni kurtar, diyordu."

"Sultanım, isterseniz bu rüyanın tabirini yorumlayacak birilerini ben biliyorum. Onlar hem çok cömert hem de gerçekten evliya ruhlu insanlardır. Hiç çadırlarından ayrılmazlar, çok az dışarı çıkıp çok az eğlenirler."

"Kim bunlar şu an neredeler?"

"Şu an çadırdalar, onları rahatsız etmek istemedik. Onlar bu beldenin evliya ruhlu insanlarıdırlar."

"Peki, o zaman beni onların yanına götürün."

Sultan ve diğerleri hemen atlarına atlayıp o insanların yanlarına giderler. Sultan rüyasının ne manaya geldiğini o kişilerden öğrenmek için heyecan içindedir. Onların yorumlarını çok merak etmekte ve kendi kendine "Acaba bu rüya ne anlama geliyor?" diye sormaktaydı. En sonunda çadır önüne geldiklerinde içerdekilere haber verilir. İçerdekiler bir süre sonra Sultan'ı huzura kabul ederler. Sultan çadıra girip edeple yanlarına gelir. Ardından başını kaldırıp rüyasını soracaktır ama bir anda durur. Yüzü donar, öylece onlara bakar. Yanındaki valiye:

"Bunlar o dediğin kişiler midir, diye sorar."

Vali ise Sultan'ın şaşkınlığının büyüklüğünü görüp:

"Telaş etmeyin Sultan'ım. Onlar bahsettiğim kişilerdir ve inanın tüm insanlar cehenneme atılsa, onların sevapları tüm insanları kurtarmaya yetecek kadar büyük kişilerdir."

Sultan ise öylece adamlara bakarken bir anda yüzünü Vali'ye dönüp:

"Ne evliyası be adam! Bunlar Hazreti Peygamber'in bana gösterip şikâyet ettiği o iki kişidir, der ve hemen askerlerine tutuklaması için emir verir."

Kimse bir şey anlamamıştır. İçeride olanlar bir anda dışarıya da sızmıştır. Çadır önündeki halk galeyana gelip o kişilere el dokundurmayacaklarını, bunu yapanın Sultan bile olsa ona dahi karşı gelebileceklerini söylerler. Sultan ise iki şaşkınlığı bir anda yaşarken askerlerin çadırı aramasını söyler. Askerler çadırı aradığında ise namaz kılınan yerin biraz yükseklikte olduğunu görürler ve seccadeyi çektiklerinde normal topraktan farklı bir şekilde hâl almış toprağı görürler. Kazmaya başladıklarında ise bir tünelin oluştuğunu görürler. Bu büyük bir tüneldir. Ve tünelin ucuna yaklaşmaya başladıkça bu tünelin Ravza-i Mutahhara'ya yaklaştığını anlarlar. O an farkederler ki adamların amacı tünelden ilerleyip Hazreti Peygamber'in na'şını çalıp Avrupa'ya götürmektir. Zaten bunların da, daha sonra yapılan muayene sonucu Müslüman olmadıkları ve sünnetsiz oldukları anlaşılır. Sorguda da çaresiz kalıp itirafçı olurlar. İçinizden bu kadarı da olmaz demeyin, gerçekten olmuş şeyler bunlar. Her şeyden öte burada iki şeyi öğrenmiş oluyoruz. Adamlar içimize sızıp el öptürecek kadar, kendilerine evliya dedirtecek kadar iyi saklanabiliyorlar. Aynı zamanda alçaklığın en kahpesini dahi içimizde planlayabiliyorlar. İnanın bu türler hâlâ bitmedi. İçimize hoca görünüp nice sızanlar var inanın.

Bahsettiğim Adnan Oktar falan değil yanlış anlamayın. O zaten ayrı bir mevzu. Aslında onun mevzusu da biraz farklı. Çünkü ilk başlarda öyle değildi o. Bu anlatacaklarımı gerçekten ciddiyetle okuyun! Çünkü amacım laf olsun, sayfa dolsun değil. Bu adamın kitaplarını zamanında Necmettin Erbakan Hoca dahi tavsiye etmişti. Hatırlıyorum, hatta siz de internetten bulabilirsiniz belki. Yanlış hatırlamıyorsam bir haber programında "Yeni Dünya Düzeni" gibi bir kitabını gösteriyordu. Gerçekten kitaplar fena kitaplar değildi. Ama ne oluyorsa oluyor o da Hasan Mezarcı gibi hapishaneye girip çıktıktan sonra bu hallere giriyordu. Bir anda değişiyordu. Kitaplarında birçok profesörün çalıştığını, evrim ile ilgili araştırmaları ile evrime gerçekten bir darbe vurduğunu çok iyi biliyorsunuzdur. Ama bir süre sonra, yani hapishane hayatından sonra hem kendi değişiyor hem de kitapları. Artık kitaplarında Tevrat, İncil kaynak gösterilmeye başlanıyor ve daha başka şeyler. Ha aklınıza şimdi acaba hapishane hayatından dolayı mı oldu gibi bir soru gelebilir. Ama gelmesin. Çünkü aynısını Hasan Mezarcı'ya da yapmışlardı. O da hapishaneden çıktıktan sonra "Ben Mehdi'yim." demeye başlamıştı. Bu durum sonrası onun çok yakını olan Şevki Yılmaz ise hapishanede onun zihnini ilaçlar ile yıkayıp bu hale getirdiklerini anlatacaktı. Aynısını Adnan Oktar'a da yapmış olabilirler. Hatta şu an Necip Fazıl Kısakürek'in öğrencisi olan Salih Mirzabeyoğlu da hapishaneden çıktıktan sonra çok durgun hareket etmekte. Ama ona ilaçlar ile etki edemediklerini düşünüyorum. Büyük ihtimal o, bunun farkındaydı.

Bu anlatılanlar size hayali gelmesin. Biraz araştırma ile bunların var olduğunu göreceksiniz. Gerçekten bunların yapılıp zihin kontrolü yapıldığını okuyacaksınız. Bunlar sadece bu ülkede değil, dünyada da yaşandı. Kennedy'nin kardeşini öldüren katilin hal durumunu anlatan belgeseller ve raporlar var. Bunlara ulaşırsanız o zaman ne demek istediğimi anlayacaksınız.

Ne ise yine konu konuyu açtı nerelere geldik, ama bunu da anlatmak istememde elbet bir hayır vardır. Asıl konuya dönmek gerekirse kısaca demek istediğim aramıza nice sahtekâr hoca kılıklı kişiler de soktular. Nice bu dava için bir şey yapmak isteyenleri de bu hale getirdiler. Bu konuyu kapatmadan önce aklınıza belki takılır düşüncesi ile Nureddin Zengi'nin daha sonra ne yaptığını da anlatayım ki söz tamam olsun. Bu olay sonrası Sultan Nureddin Zengi hemen harekete geçip, böyle hainler bir daha zarar vermeye kalkışmasın diye Ravza-i Mutahhara'nın etrafına su gelinceye kadar hendek kazdırdı. Bu hendek epeyce geniş olunca, buraya kalay eritilip dökülerek kalın bir duvar haline getirildi. Böylece Ravza-i Mutahhara emniyet altına alınmış olundu. Yani anlayacağınız şu an Ravza-i Mutahhara'nın toprak altı bölümü, eritilmiş kalaylar ile çevrili. Hamdolsun ki o gün, bu tehlike böyle atlatılmış olacaktı. Buradan da şu nasipte çıkıyor ki, her zaman Lawrence gibi hainlerin karşısına bir çöl kaplanımız, her münafığın karşısına da bir Nureddin Zengi'miz çıkmaktadır ve çıkacaktır inşallah. Dün onlardı, yarın siz olacaksınız.

Bu yüzden bu anlatılanları sadece bir bilgi olarak görmeyin. Bunları biz anlatacağız. Size düşen ise bu bilgileri alıp harmanlamak ve fikrinizi, ideolojinizi oluşturmaya çalışmak olacaktır. Unutmayın! Okumadan ideolojisini belirlemeye çalışmak ancak aptalların yapacağı bir iştir. Okuyarak ideolojinizi ve yönünüzü belirlemeniz gerekir. Çünkü sizin fikirleriniz, kendi medeniyetiniz için bir taş olacaktır.

İşte bu noktada üzerinde durmak istediğim, çok önemli olarak gördüğüm, bulunduğumuz asırdan ziyade gelecek asırlarda daha çok etkisi olacağına inandığım bir kelime var. Önümüzdeki asırlarda, dünyayı bu kelime üzerinden kaosa sürüklemek için tartışmalara şimdiden başladılar bile. Şu anda gelecek asırdaki tartışmaları ve sonrasındaki kaosu yaratmak isteyenler; bu kelimeyi sözde aydınların, akademisyenlerin eline vermiş bulunmaktalar. Amaçları tıpkı Fransız İhtilali ile yapmış oldukları gibi insanları ayrıştırmak birlik olmalarını engellemektir. Nasıl ki Fransız İhtilali'nde "Milliyetçilik" kelimesini dünya piyasasına sürerek insanları küçük küçük topluluklara böldülerse, şimdi de aynı yol haritasını izleyecekler. Bu defa yine bölmeyi hedefliyorlar. Lakin bu sefer milletlere değil, iki ayrı kutba bölecekler. Doğu ve Batı kutbuna. Böylece insanları kutuplaştırıp, insanların içine nefret tohumu ekecekler. Dünyanın yarısını, diğer yarısına düşman ilan edecekler. Ve kazananın da kendileri olmalarını umacaklar. Fakat bizim amacımız bu ayrışmayı kendi lehimize çevirip safları sıklaştırmak olacaktır. Peki, bu kelimeye ne derseniz... Bu kelime "Medeniyet" olacaktır. Medeniyet, yani diğer adıyla "Uygarlık"

Kelimeler köken bakımından farklı zamanlarda zuhur etmişse de, aslında ikisi aynı manaya çıkmaktadır. "Uygarlık" kelimesi yerleşik hayata ilk geçen Türk kavmi olan Uygurlar'dan gelmektedir. "Medeniyet" ise Peygamber Efendimiz Sallallahu Aleyhi ve Sellem'in eski adı "Yesrib" olan bölgeye hicret ettiğinde zuhur etmiştir. Arapça'da "Yesrib" kınama, azarlama, ayıplama gibi kötü anlamlara geldiği için Resulullah buranın adını Arapça "Şehir" anlamına gelen "Medine" ile değiştirmiştir. Medeniyet de şehirleşmek, şehir hayatını benimsemek olarak yer etmiştir. Bu saikler neticesinde İslam Medeniyetinin temelleri atılmış, günümüze kadar gelmiş ve kıyamete kadar da sürecektir elbet.

Şimdi Batı, bu kelime ile oynayarak bir medeniyetler çatışması ortaya çıkarmak istiyor. "Medenileştirme Misyonu" sloganı ile hareket eden Avrupalılar, başka toplumları sömürmenin ve kendilerine benzetmenin; beyaz adamın yükü olduğuna inanmışlardır. Bakın burada çok önemli bir şey söyledim, isterseniz altını çizin. Adamlar bunu yaparken yani sömürürken, bunu yanlış bir iş olarak değil aksine kendi hakları olarak görüyor. İşte biz şu an böylesi bir toplum ile karşı karşıyayız. Bu doğrultuda nice alçak hamleler yaptılar ve yapacaklar. Ama unutmayın, bunu doğru bir şey olarak görüyorlar. Öyle ki dünyadaki tek medeni toplumun onlar olduğunu ve diğerlerinin de kendileri gibi olması gerektiğini, kendilerine benzemeleri gerektiğini düşünüyorlar. Bunlar bu tarihi misyonu kendi evrensel düzenlerini kurmak için zorunlu görüyorlar. Yani o küresel düzeni. Şu an tüm savaşların olmasına sebep olan, o yeni dünya düzenini kastediyorum.

19. yüzyılda formüle edilen ulus teorileri, ırk tasnifleri antropoloji çalışmaları, tarih okumaları, siyasi kavramlar, felsefe sistemleri, kültür ve medeniyet kurguları, hatta moda tasarımcılığı, sinema sektörü, medya ayağı ve daha birçok şey... Sizin de çok iyi fark edebileceğiniz bir şekilde; Avrupa merkezli yeni dünya görüşüne ve siyasi düzenle doğrudan ya da dolaylı yollardan katkıda bulunmaktadır.

Bu dediklerimi okudukça kafanızda bir şeylerin canlandığını fark ediyorum. Siz de şunu çok iyi fark ediyorsunuz ki gerçekten adamlar sinema sektöründen tut modaya, çocuk oyunlarından tut haritalara kadar etki ettiler. Evet, haritalara dahi etki ettiler. Şimdi bir düşünün haritaları, coğrafyadaki terimleri. Bulunduğumuz bölgeye ne diyorlar? "Ortadoğu" diyorlar. Niye Ortadoğu diyorlar? Çünkü İngiltere'ye göre biz doğunun ortasında kalıyoruz.

Aslında yıllarca dünyanın merkezi olarak kabul edilen yer İstanbul'du. Hatta İstanbul'daki milyon taşını yani o sıfır noktası anlamına gelen milyon taşını bilirsiniz.

O, laf olsun diye orada bulunan bir taş değil. O gerçekten İstanbul'un, dünyanın merkezi ve başlangıç noktası olduğuna işaret eden bir nokta idi. Ama onu da bizden aldılar. Aslında yarısını aldılar diyelim. Nerede olduğunu söylememe lüzum yok. Tabii ki İngiltere. Yani demem o ki adamlar öyle bir kurgu yapmaktalar ki tüm dünyayı asimile ederek; ya kendilerine benzetecekler ya da kendilerinin efendi olduklarına inandıracak hamleler yapacaklar ve yapmaktalar da zaten. Peki, bunun sonu nereye varır, derseniz. Adamlar bunun sonunda Batı medeniyetinin bir fedai olduklarına inandıracaklar. Doğu medeniyetini ise, karşı bir ötekileştirme ile savaşa sürükleyecekler. Umdukları işte budur, yani Doğu-Batı Savaşı. Bu savaş sonunda ise I. ve II. Dünya Savaşı'nın sonucundan daha farklı şeyler, daha ileri şeyler olacak. Bu savaşın sonunda kaybeden asimile olacak ve savaşı kazanan o karşı medeniyeti tarih boyunca Doğu-Batı olarak kalan bu iki medeniyetten bir diğer medeniyeti kendine benzetecek. İşte bu yüzden Avrupa yok olmamak için bu savaşı kazanmaya çalışıyor. Yani bu savaşın sonuçları sadece toprak ya da para kazanımı olmayacak, aynı zamanda bir kültürü de yok edecek ardından ise kendi kültürünü tüm insanlığa kabul ettirecek sonuçları olacak. Belki aklınızda bu durumu tam oturtamıyor olabilirsiniz. Çünkü tarih boyunca bir ülke, diğer ülkeyi yendi; ama bir medeniyet, başka bir medeniyeti hiç yenmedi. Ve şimdi bu yaşanacak. Zaten I. ve II. Dünya Savaşı öncesi ve sonrası bunlar yaşanmaya başlanmıştı bile. Adamlar bunu kolayca yaptı. Önce kendilerine köle ettiler, sonra kendi medeniyetlerini o ülkelere taşıdılar. Önce getirdikleri kuklalar ile dünyayı kendi atadıkları sözde devlet başkanları ile yönetmeye başladılar, halkı alıştırdılar. Sonra bunu dünyaya unutturdular. Mazlum kavramını basite indirdiler.

Bu oyuna biz de geldik. Orta Asya'da soydaşlarımıza yapılan zulüm ve işkenceden kimin haberi var? Bunları hangi medyada duyabiliyorsunuz? Peki, sorun kitlelerde mi? Aslında sorun sadece insanlarda ya da sadece halkta değil. Yani anlayacağınız önemli olan yönetenler ve yönetilenler hususunu iyi kavramak. Nitekim şu an Çeçenistan'ı düşünün. Yıllarca Şeyh Şamil'ler, nice yiğitler orada can verdi. Bu dava uğruna kan döktü, Ruslara karşı dik durdu. Ama sonra ne oldu? Sonrası şimdi oldu. Şimdi başlarında biri var, Kadirov denen biri. Sözde ülke özgür ama Rusların tasmasını taktığı birinden başkası değildir Kadirov. Hâlbuki Çeçenistan mazlum idi. Liderleri de mazlum ama cesur idi. Fakat hem medya, hem diğer etkenler ile Çeçenler Rusların istediği doğrultuya geldi. Başlarına Kadirov denen adam getirilerek. Ve böylece o hırçın Çeçenleri sakinleştirip asimile ettiler. Aynısı Arabistan'da da oluyor. Filistin'e, Suriye'ye, Suudi Arabistan'a, Katar'a, Mısır'a da oluyor. Oralara gittiğiniz vakit, inanın hâlâ o Osmanlı ruhunu, hâlâ o Türkiye ruhunu yaşayanlar var. Ama seslerini çok çıkartamıyorlar. Çünkü başlarındakiler size anlattığım o kahpe olan yeni dünya düzenine hizmet eden insanların kölesi durumundalar. Zaten adamlar o Arap kavmini "Siz Arap'sınız, siz Arap'sınız!" diyerek biz Türklerden uzaklaştırıp, Müslüman Birliği'nden ayırmak istediler. Bunun için bayraklarını dahi çizerlerken tüm Arapların bayrakları birbirine benzetildi. İsterseniz bir aklınıza getirin o bayrakları. Hepsi öyle bir çizilmiş ki, onlara âdeta baskı yapar gibi "Siz Arap'sınız, siz Arap'sınız!" der gibi.

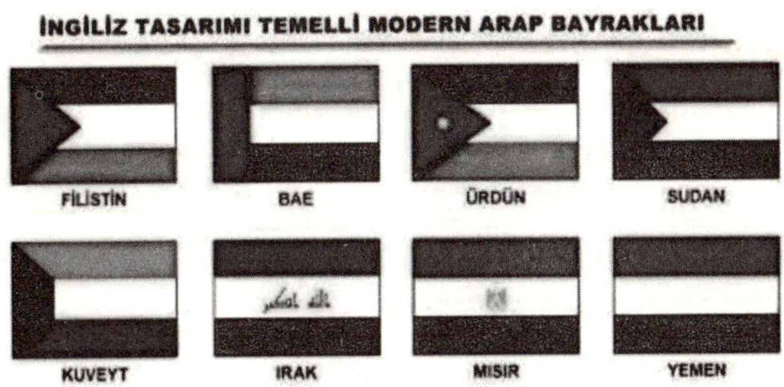

Mark Sykes tasarımını yaptığı bu yeni bayrakla, Araplar arasında aşiretçiliği engellemek ve bir 'Araplık' duygusu yaratmayı hedefliyordu.

Ne yazık ki onlarda bu tezgâha düştüler ve paramparça ettiler kendilerini. Şimdi zannediyorlar ki böyle daha güçlüler. Paraları onlara güç katıyor zannediyorlar. Hâlbuki güç paradan değil, tarihten gelir bilmiyorlar. Petrol değerlenince onlar da hevese kapıldılar. Ülkelerini Batı'ya teslim ettiler. Parayı kendi ellerinde sanıyorlar. Lakin tüm paraları batılıların ellerinde. Dikkat edin binlerce binaları var, arabaları var, şirketleri var ama kendi içlerinden çıkardıkları, yani bir Arap olarak çalışan bir mühendisleri, bir bilmem ne değerini bilen adamları adam akıllı yok. Her şeyden öte belki binlerce silahları var, füzeleri var, ama bu füzelerin bir tanesi bile kendi yapımları değil. Hepsi Batı'ya ait. Yani Batı "Vermiyorum!" dese, küçücük devletler bile onlara savaş açsa yenilecekler. İşte böyle ezik bir durumdalar. Hatırlayın, zamanında Suud yatırımlarını Türkiye'ye yönelteceği vakit; Amerika'nın iki kızması ile tekrar yönünü değiştirmişti. Sözde bir zamanlar Amerika'yı da tehdit ediyordu, "Tüm paralarımızı çekeriz, o zaman görürsünüz." diye kendince tehditler savuruyordu ama hep kendince tehdit savurmalarıydı bunlar. Çünkü bunu yapamazlar, yaptıkları an kendileri yok oluş sürecine girerler. Nitekim o günlerde ne oldu? Amerika İkiz Kuleleri'nin yıkımından Suud'u mesul tuttuğunu söyledi. Üzerine gidilecek, dendi. Tabi aslında bu Suud'a bir gözdağı idi. Suud ise hemen geri vites yaparak "Parayı çekmeyeceğim, Amerika'ya yatırımlara devam…" dedi. Ardından Amerika İkiz Kuleler davasını geri çekti. Dikkat edin davayı düşürdü falan demedim. Davayı geri çekti, dedim. Şuan o dava, bir gün Suud yine hata yapar da Amerika'ya karşı gelir diye bekletilmekte. Devam edelim biz. Amerika bununla da yetinmedi. Suud'un hâl-i hazırdaki kralı Selman'ı gözden çıkardığı için oğlunu öne çekti. Çünkü Kral Selman her zaman bir tehlike konumundaydı.

Aynısını Katar'a da yaptılar. Yanlış anlamayın burada bir partinin savunuculuğunu yapmıyorum. Olanları göstermeye çalışıyorum. Katar belki çoğu kişi bilmese de Türkiye'ye aşırı derecede para aktaran bir ülke. Dünya'da en çok gaz satışını Katar yapmakta. Rusya'yı dahi geçmiş bulunmakta. Şirketleri Türkiye'ye yönlendirip büyük para akışı sağlıyor. Bu onlar için aslında çok iyi bir şey. Çünkü onlar biliyor ki; bir gün petrol ve gaz bitecek. O vakit artık yaptığın yatırımlar seni ayakta tutacak. Bunu Suudi Arabistan da gördüğü için yönünü Amerika'ya değil, daha sağlam olduğuna inandığı için Türkiye'ye yönlendirecekti ama yukarıda anlattığım olay oldu. Suud bu riski alamadı ve iyice esir oldu. Ama Katar öyle olmadı. Bu riski aldı. Hatta Katar, darbe riski dahi yaşadı ama haber ve köşe yazılarında okuduğunuz gibi; bizim oradaki askeri üssümüzde bulunan Bordo Bereliler ve diğer askerler sarayın etrafını çevirip kralı korumaya alarak buna engel oldu. Aslında bu da ayrı bir mevzu. Çünkü bir düşünün, sadece bir askeri üssünüzdeki askerler ülkede oluşabilecek bir darbeye dur diyebiliyor. Aslında bu her milletin yapabileceği bir başarı değil. Neyse konuya dönmek gerekirse diyeceğim o ki; Arap ülkelerinin evet, şu anlık çok paraları var ama dediğim gibi sadece paraları var, ikinci olarak şu anlık var. Lakin onlarda bunu acı bir şekilde görecek ki mesele sadece para değil, parayı işletmek. Yoksa bir kâğıdın önemi yoktur, o kâğıt işlendiğinde önemi vardır. İşte o devletlerin elinde onu işleyecek kendi adamları yok. Hep başkasının adamları var. Zamanında bizim düştüğümüz durumda zaten bundan farklı değildi. Aynı sıkıntıyı bizde yaşadık yıllarca. Yıllarca bizim gençlerimiz bizim olmadı. Bizde yetişenler dahi bizden ayrıldı, başka ülkelere destek oldu. Çünkü onlara bu ülkenin verebileceği bir şey yoktu. Çünkü bu ülke teknoloji üretmiyordu. Savunma ve silah sanayiinde zaten yoktuk. Bu yüzden giden gençlere de dur demenin bir anlamı yoktu. ASELSAN olaylarını, o intihar süsü verilip yapılan suikastları zaten biliyorsunuzdur. Uzun uzadıya anlatmama gerek yok. Ama şunu da eklemek gerekirse ne yazık ki gençlerimizi bizde tam manası ile yetiştiremiyoruz. Evet, bazen değerli öğrencilerimiz ortaya çıkıyor, ama inanın çoğu beyin o okullarda harap olmakta. Gençlerin kendilerini daha iyi bir şekilde öne çıkartacağı hamleler yapmaları için fırsat verilmemekte. Hatta burada önemli bir mesele daha var. Bu mesele bir başka önem arz etmekte. Bu yazacağımı iyi anlarsanız sayın okuyucu, işte o zaman olayı daha net bir şekilde anlamaya başlayacaksınız.

Öncelikle insanoğlunun zihnî birikimi üç temel sütun üzerinde durur ve yükselir: Düşünce, konuşma ve yazı. Herhangi bir toplumda bunlardan sadece bir tanesi bile eksik olursa, o toplumda ilerleme tümüyle durur; bilim durur, ekonomi durur, siyaset durur vesaire vesaire. Peki, burada size ne anlatmak istiyorum derseniz önce bu dediklerimi düşünün, bir de eğitim sistemimizi ve okullarımızın durumunu düşünün. Hele ki gençlerin halini düşünün. Kaçı düşünebilme yeteneğine sahip? Kaçı meydana çıkardığında adam akıllı konuşabilme yeteneğine sahip? Ağızlarında kem küm eden ifadeler bulunmakta değil mi? Çoğumuz zannediyor ki bunlar pek de utangaç. Hâlbuki utangaç falan değil. Sadece konuşmayı bilmiyorlar. Çünkü eğitim sistemi, ona bunu vermemiş. Konuşabilme, düşünebilme yeteneğini vermemiş. Sadece durmadan test çöz, test çöz, test çöz... 4 şık arasında 5 şık arasında dolan, birini bul, öğrendiğin bilgileri kafana bir çöp kutusu gibi çak, o bilgilerin içinden birini çıkarıp şıkların üzerine koy ama mantık yürütme sakın(!) Tek yapacağın o kafana attığın çöp bilgileri, o çöp kutusundan çıkarmak olsun. X'leri, bilmem ne değerlerini, bilmem ne filanlarını o şıkların üzerinden birine yerleştir. Ama düşünerek, mantık yürüterek sonuçlara asla ulaşma (!) İşte biz ne yazık ki şu an böyle bir eğitim sistemine sahibiz.

Bir düşünün. Çocuklar geliyor, hiçbir yeteneği ve kabiliyet göz önüne alınmadan Matematik, Türkçe, Fen, Sosyal, İngilizce gibi derslerin ezber yağmurlarına tutuluyor. Öğrencilerin kendi yeteneklerinin keşfedilmesine izin verilmiyor. Ezberi kuvvetli ve derslerinde başarılı olanlar "zeki" ve yetenekli; diğerleri ise "ahmak" olarak nitelendiriliyor. İşte en büyük yanlış tam burada başlıyor. Her öğrenci aynı kefeye koyuluyor. Hâlbuki hepsi kendi yeteneklerine göre ayrılmalı. Nitekim bizim eğitim sistemimiz aynen şuna benziyor;

Bir adam masanın başında oturuyor. Karşısında ise sincap, zürafa, fil, maymun, aslan ve tilki bulunmakta. Adam hayvanlara diyor ki "Hepiniz şuradaki ağaca tırmanmak zorundasınız. Tırmananlar başarılı sayılacaktır. Sınav bu. Ayrımcılık olmasın diye de farklı bir şey yapmıyoruz. Bu ağaca tırmanabilen kazanır." İşte bizim eğitim sistemimiz de aynen böyle. Ne yazık ki bu sınav doğrultusunda, böylesine bir eğitim sistemi ile filler, zürafalar, kartallar hep mağdur olmakta.

İkinci bir mesele daha var ki, o daha da derin. Onu da açıklayayım sayın okuyucu. Örnek olarak diyorum. En basitinden ortalama bir öğrenciyi ele alacak olursak; öğrenci 8 sene boyunca ilkokul eğitimini alıyor ama nasıl bir eğitim? Hedeften, ahlaktan yoksun; insani duyguların öğrenci ile tanıştırılmadığı, sadece hayvanlarda olduğu gibi yükleme ve programlamaya dayanan bir eğitim. Matematik dedikleri formül ezberinden, Türkçe dedikleri dil bilgisinden, Tarih dedikleri kronolojiden, Fen dedikleri teoriden ibaret bir eğitim. Bir de üçüncü mesele var ki o daha daha, hatta bir daha ekleyerek söylüyorum daha daha daha acı. Öğrencilerimizin aldığı eğitimi hep Batı marifeti biliyor olması. Hâlbuki tanjant, kotanjant, sinüs gibi terimleri kendi dedelerinden olan Takiyüddin Efendi'nin keşfettiğinden habersiz bir şekilde eğitim sisteminin içinde yükselmeye çalışmaktadır. Bu konuya neden geçtim derseniz... Çünkü gençlerimiz bu gibi şeylerin hep dediğim gibi Batı'dan gelebileceğine inanmakta. Öğrencilere coğrafya dersinde Antarktika'nın, 19. yüzyılda keşfedildiği söylenir. Lakin 16. yüzyılda Antarktika'nın haritasını çizen Piri Reis'ten hiç bahsedilmez. Öğrencilere İslam dininin bilime engel olduğu gösterilir. Ama bu Avrupalılar hiç demezler ki: "Bizler yıldızları asılmış kandil zannederken, 1100'lü yıllarda yıldızların yer ve açılarını ölçen Müslüman âlim Cabir bin Eflah olmuştur" diye. Onlar din olarak İslam'dan nefret ettiler ama kültür ve medeniyet olarak İslam'a duydukları hayranlıklarından ne vazgeçebildiler, ne de bu hayranlığı gizleyebildiler.

Şimdi burada size "Fuat Sezgin" desem, çok affedersiniz ama "Kim lan o?" dersiniz. Eğer gerçekten bu düşünce içine girdi iseniz, tarihinize ayıp ettiniz sayın okuyucu! Fuat Sezgin, hayatını bilime adamış bir adam. Müslüman bilim adamlarını ortaya çıkarmış bir deha. Muhteşem bir şekilde çalışma azmi olan bir şahsiyet. Misal kaç dil biliyor, bir tahmin edin desem en fazla gelecek cevap 5 bilemedin 6 olur ama yanlış cevaptır. O zaman 10 dil dersiniz, yine yanlış cevap. Peki, kaç dil biliyor konusuna gelirsek... Muhabir soruyor:

"Efendim 25 dil biliyormuşsunuz doğru mu?"

"Abartıyorlar."

"Peki, kaç dil biliyormuşsunuz?"

Fuat Sezgin ise gayet mütevazı bir şekilde:

"Öyle böyle yani, gerek olduğu için 22 dil filan öğrendim." diyor. Evet evet, doğru okudunuz."22 dil biliyorum." dedi. Hem de niye bu kadar dil biliyor, biliyor musunuz? Çünkü okuduğu her kitap, kendini yeni bir kaynağa yönlendiriyordu. Okudukça, yeni kaynaklar ile karşılaştıkça, farklı diller ortaya çıkıyor. O da tabi sadece zamanımızın dillerini değil, tarihte kalmış dilleri de öğreniyor. Sırf o tarihte kalmış kitapları okumak için. Şimdi oturun bir düşünün, ben size sorsam "Bana 22 dil sayar mısın?" diye. Sen kaç tane sayabilirsin? Ama adam 22 dili biliyor. Hem de yarısı eski çağlarda kalmış diller. Bizans'ın dilini öğrenmiş. Şu an adı kalmamış Vikinglerin dilini öğrenmiş, sırf oradaki belgeleri okumak için. İşte böylesi bir adam, yepyeni bir ufuk açtı tarihte. İslam gericiliği getirir diyenlere inat İbn-i Sina gibileri gösterdi. 15-16. yüzyıllarda dünya yuvarlak dendi mi, Avrupa'da âlimler asılırken; 10. yüzyılda yaşayan İslam âlimi Battani'nin bırak dünyanın yuvarlak olmasını, yarıçapını dahi ölçmüş olduğunu gösterdi. İşte buradan iki şey anlamanız lazım. Biz tarihi olarak da, medeniyet olarak da gerçekten ilmin dolu olduğu bir medeniyetin temsilcileriyiz. İşte bu yüzden üzerinde bir eziklik olmasın. Üzerinde bir eziklik doğurmaya çalışanlara da bu cevaplar ile karşılık verin. İkincisi, Fuat Sezgin gibi adamlara özenin. Bu adamlar bunca çalışmayı para kazanmak için değil; devlete, ümmete bir şeyler katabilmek için yaptı. Bunu görün. Sizde bu şuur ile hareket edin. Ve durmadan bilinçlenmeniz gerekir. Bilinçlenin ki davayı savunabilesiniz. Unutmayın, dava demek öne çıkmak demektir. Kavgada öne çıktığın gibi, davana fikrî olarak saldırdıklarında da öne çıkmasını bileceksin.

Ey okuyucu, ey azizim, sadece bir yönden saldırmıyorlar. Aynı zamanda tarihî olarak da saldırmaktalar. Değerlerimizi alaşağı etmekteler. Çoğu zaman ise bu, şu kesimden; şu, bu fikirden diyerek bizi ayırmaktalar. Bunun için tarih kitaplarımıza resmen el koydular. Kendi kitaplarımızda yıllarca; hayatında sadece iki kişiyi idam etmiş bir adam olan Abdülhamid Han'ı Kızıl Sultan olarak yazdılar.

Tarih kitaplarında nice doğruları, yalan; nice sahtekârlıkları, tek gerçek olarak gösterdiler. Abdülhamid Han'a katil dediler, Yahudi uşağı dediler bir kesime saldırdılar. Atatürk aslında Yahudi'ydi dediler, bu defada diğer kesime saldırdılar. Hâlbuki iki tarafında hataları vardı elbet, ama sadece hata olarak göstermediler. Misal, size sorarım ey okuyucu, bu zamana kadar kaç belgeli kitap okudun? Kaç belgeyi gördün de tarihi ona göre yorumladın? Her zaman bir tarafı yücelttin, diğer tarafı yerin dibine soktun değil mi? Hâlbuki tarih bir yere bakarken ideolojik olarak değil, belgeli olarak bakmayı gerektirirdi, bunu görmedin. Bu yüzden şu an belki senin istemediğin sözler etmiş olabilirim ama lütfen kitabı bırakma. Devam et, et ki fikirlerinin başka fikirler ile çarpışmasından korkmuş olma. Çünkü düşman her yere el atıyor. Sadece tarihe el atıp gençlerimizi parça parça ettikten sonra savaştırmadı, aynı zamanda kelimelerimize de el attılar. Hem de her alanda bulunan kelimelerimize. Coğrafyadaki kelimelerimize dahi saldırdılar. Nitekim şu an mevcut okutulan kitaplardaki coğrafi terimler hep Batı'yı merkez edinir. Ama önceden öyle değildi. Mesela bugün "Batı" diye adlandırılan yer, sanılanın aksine dünyanın batısı değil; İngilizcede "occident" diye tabir edilen Asya'nın batısıdır. Yani yüzyıllar boyunca asıl merkez Asya'ydı. İnsanlık tarihinin merkezinde yer alan coğrafyaya neden Ortadoğu diyoruz? Hâlbuki Ortadoğu denilen yer yüzyıllar boyunca dünyanın merkezi konumundaydı.

Hele şu Anadolu toprakları... Amerika ve Karayipler'e neden "Uzak Batı" diyemiyoruz da Çin, Japonya, Kore'ye "Uzak Doğu" diyoruz? Bunları iyi düşünün. Bunlar size çok ütopik gelmesin. Adamlar kelimelerle dahi oynayarak zihin dünyamızı şekillendirmeye çalışıyorlar, bunu net anlayın. Bu yüzden yine eskisi gibi Batı'ya karşı her yönden yerli ve milli olmalıyız. Kelimelerde dahi yerli ve milli olup, Asya merkezli dünya haritalarının yavrularımızın kitaplarında yer alması için çabalamalıyız.

Tarihi olarak da, ilmi olarak da her şekilde kendimiz, özümüz merkez alınmalı. Ama ne yazık ki hâlâ engel yiyoruz. Bunun sonunda ise böylesi köhne bir eğitim sistemi içinde büyüyüp yetişen o yöneticilerin ve halkın milli ve manevi değerlerinden taviz vermesi kaçınılmaz oluyor. Sizler bu anlattıklarımı sadece bilgi olarak almayınız zihninize. Bunlar üzerinde düşünün ve kendi fikirlerinizi, düşünce dünyanızı oluşturun. Bunlar sadece birer kıvılcım olacaktır size. Ardından ise olaylara ve oyunlara bir değil, bin açıdan bakmaya başlayacaksınız. Unutmayın! Her şeye aynı açıdan bakarsanız hep aynı şeyleri düşünürsünüz, hep aynı şeyleri düşünürseniz, hep aynı şeyleri yaparsınız, hep aynı şeyleri yaparsanız, en sonunda da hep aynı sonuçlar elde edersiniz.

Bu nedenle gözünüz açık, kalbiniz temiz, fikriniz sağlam, imanınız derin olsun. Ancak bu şekilde onların yeni dünya için düzenledikleri şeytanî planlarını başlarına geçirebiliriz.

ŞU YENİ DÜNYA DÜZENİ

Yüzlerce defa duydunuz, hatta belki on binlerce. Kimileri yenilmez güç olarak tanıttı, kimileri Deccal'in düzeni diye. Peki, bu düzen ne idi, amacı neydi? Gelin birlikte alt üst edelim bilinenleri...

Monarşileri yıkmayı ve dini inançları yok etmeyi, ulus devletleri ve vatanseverliği sonlandırarak baskın bir tek dünya devleti kurmayı planlayan, Rockefeller Ailesi ile özdeşleşen, İlluminati: Zihin kontrolü ve gizli olan sistemleri uygulayarak, hükümetleri ve kuruluşları ele geçirmeyi hedefleyen şeytanî bir organizasyonun adı olan bir şeydir aslında, bu "Yeni Dünya Düzeni". Biraz daha açmam gerekecek sanırım konuyu. Gelin o zaman baştan başlayalım biraz. Siz de sayın okuyucu, iyi dinleyin ve öğrenin ki; kimlerle, ne için savaştığımızı iyice anlayın. Bu yeni dünya düzeni sahipleri tam 13 aile, onların da sahipleri kendilerine Mason adlarını verdikleri kişilerdir. Onların da sahipleri İlluminati'dir. İlluminati'nin sahibi ise, şeytana âdeta kul olmuş Kabala'nın okuyucuları ve onun ile yol çizen, azınlık olan ama dünyaya yön vermede büyük pay sahibi olan kişilerdir. Hani bazılarınız belki bunları okumuştur ama sizlere bahsettiğim internet bilgileri değil, ya da izlediğiniz o sırlı gibi görünen YouTube videoları falan değil. Evet, bazıları bunlara "Komplo Teorisi" diyor. Belki bilirsiniz Oktay Sinanoğlu diye büyük biri vardı. Türklerin Einstein'ı olarak anılan kişi. O bile çok kızardı bu "Komple Teorisi" sözlerine. Derdi ki: "Birileri çıkıp "Komplo Teorisi" lafını küçümsüyor. Bu lafı küçümseyerek bu adamları daha da gizliyorlar." Gerçekten de haklıydı. "Komplo Teorisi" lafı küçümsenerek böylesi şeyler geri plana itiliyor. Bazen oyunu derin okumak için onların komplo dediği bu şeyleri iyi bilmeniz gerekir. Peki, Aslında bunlar ne zaman daha çok öne ve ortaya çıkmaya başladı derseniz...

Haçlı Seferleri ile Doğu'nun zenginliğini çalıp kendi topraklarına götürmek isteyen, aynı zamanda ülkelerine şan ve şerefle dönme ve oralarda daha çok toprak kazanma arzusunda olan Avrupalı Şövalyeler akın akın Müslüman topraklarına gelmişti. Bunlardan biri de Soylu bir Fransız Şövalye olan Hugues De Payens ve onun 10 adamıydı. Olayı illaki duymuşsunuzdur. Orada bir kitap bulurlar ve sonra Avrupa'ya götürürler ki, bu kitap yılardır kayıp olan ve Hz. Süleyman zamanında Yahudilerin ve cinlerin beraber olarak yazdığı bir büyü kitabıdır. Bu öyle bir kitaptı ki; sözlerin ve harflerin birleşmesi ile adeta bir sihir ortaya çıkarıyordu. Ama bu sihir öyle filmlerde izlediğiniz gibi bir şey değildi. Bu cinler ile iş yapma sanatının yazıldığı bir kitaptı. Ve Allah tarafından yasaklanmış bir işti, bu iş. Zaman geçtikçe Tevrat tahrif edilip yerine bu kitabı, diğer adı ile Kabala'yı koymaya başlayan ve Kabala'yı da Tevrat'ın yanında bir kutsal kitap olarak sunan ve Yahudilerin de öğretilerini bunun üzerine temellendiren bir kitap haline gelecekti. Aslında zaten böyle gibiydi ama uzun dönemler unutulmuştu. Çünkü ortada yoktu bu lanetli kitap. Aslında Kabala ile anlatılacak daha çok şey var ama çok girmenin anlamı yok. Yalnız, şunu da asla unutmayın! Bu adamlar cinlerle beraber iş yapıp, büyü yapmaktan asla vazgeçmediler. Şu anda da vazgeçmiş değiller ki hâlâ bunu kullanmak istemekteler. Bu Yahudiler ve her şeyden öte bu Hristiyan görünen şövalyeler, inandıkları dine hizmet için değil de; artık ruhlarını şeytana satmış birer kişiler olarak hareket ediyorlardı. Çünkü şeytan onların ruhlarına sahip çıkarak yaptırıyordu tüm kötü emellerini. Şeytan bunu, onlara sadece Müslümanlara karşı değil aynı zamanda Allah inancı taşıyan Hristiyan ve Yahudilere karşı da kullanacaktı. Nitekim bunlar ne kadar Hristiyan görünse de, tapınaklarına girildiğinde Hazreti İsa'nın resmedildiği o heykeli yere attıklarını görecekti herkes. Yani bunlar Hristiyan dahi değildi. Zaten Müslüman ve Yahudi de değildi. İşte bu yüzden onlar gerçekten şeytana tapıyor diyebileceğimiz insanlardı. Bunlar tapınak şövalyeleri adı altında şeytana hizmet eden cinlenmiş ruhlardı. İşte bu noktada Yahudi-Hristiyan ve Siyonist ayrımını iyice kavramak gerekir. Yahudi ve Hristiyan inandığı dine hizmet eder ama bunlar gibi Siyonistler, şeytana hizmet ederler. Dünya siyasetini doğru ve derinden, ama en önemlisi üst perdeden okumak için bu ayrımı eksiksiz ve hatasız yapmalısınız. Aksi takdirde en ufak bir ayrıntıyı kaçırmanız, ülkemize bunların kurduğu oyunlar doğrultusunda gerçekten büyük felaketler getirecektir. Hatta bu yerde size birini anlatayım. Aslında bu camiada iyi bilenen biridir. Kendisi köken olarak Avrupa'da bir Yahudi iken, Müslüman olup Muhammed Esed ismini alan biri. Adı Leopold Weiss. Allah rahmet eylesin, 1992 yılında vefat etmişti. Hem Hristiyan-Yahudi ve Siyonistleri çok güzel tanımlamış hem de örnek alınası bir yaşam sürmüştü.

Ukrayna'da Yahudi bir ailenin evladı olarak dünyaya gelmişti. I. Dünya Savaşı öncesi ailesiyle Viyana'ya taşınmışlar ve kendisi de 14 yaşında okulu bırakarak Avusturya ordusuna katılmıştı. Savaş sonrası hem Avusturya İmparatorluğu, hem de Weiss'in hayalleri yıkılınca bu defa Viyana Üniversitesi'ne felsefe ve tarih okumak için girmiş ama orada da umduğu tatmini alamamıştı. Üniversitede Batılıların, zamanın önde gelen düşünürleri olarak adlandırdıkları Sigmund Freud, Alfred Adler gibi kişilerin verdiği konferanslara katılmış ve onlardan etkilenmişse de, yine beklediği tatmini bulamamıştı. Weiss 22 yaşındayken dayısının daveti üzerine Kudüs'e gitmiş ve orada Zeitung gazetesinin yakın doğu muhabiri olarak çalışmaya başlamıştı. Burada Siyonist önder Weizman'la tartışmış ve ilk defa Siyonizm'e karşı çıkmıştı. Kendisi o yıllarda Yahudi olmasına rağmen, Siyonist idealleri gayri ahlaki ve temelsiz buluyordu. İki sene sonra Ezher şeyhi Mustafa el Merağı ile tanışmış ve onun uzun sohbetlerinde bulunmuştu. Ortadoğu'da tanıştığı, hasbihal ettiği insanlar ve Ezher şeyhinin sohbetleri onun İslam'a ilk yakınlaşması olacaktı. Daha sonra Berlin'e dönmüş ve bir gün arkadaşı Elsa ile Berlin metrosunda seyahat ederken gördüğü insanların hepsinin yüzünde acı ve mutsuzluğun olduğunu fark etmişti. Bu düşüncelerini yanındaki Elsa'ya açmış, Elsa ise "Bir cehennem azabı çekiyorlar sanki acaba kendileri bunun farkındalar mı?" cevabı ile tasdik etmişti. Weiss bu acıları bu ıstırapları insanların geçersiz inançları ve fazlası ile refah peşinde olmalarına bağladı. Eve döndüğünde masada açık duran Kuran-ı Kerim'i görmüş, kapatıp kaldırmak isteyince ise gözüne Tekasür Suresi ilişmişti birden. Surenin bugün metroda yaşadıklarının tam bir yankısı olduğunu hissetmişti. Ayetin başı aslında her şeyi anlatıyordu.

"Rahman ve Rahim olan Allah'ın adıyla:

1. O çokluk kuruntusu sizleri oyaladı,
2. Ta kabirlere kadar gidip ziyaret edişinize kadar!
3. Öyle değil, ileride bileceksiniz!
4. Sonra yine öyle değil, ileride bileceksiniz!
5. Öyle değil, kesin olarak bilseniz,
6. Andolsun ki, cehennemi mutlaka göreceksiniz!
7. Sonra yine andolsun ki, onu yakın gözüyle göreceksiniz!
8. Sonra andolsun ki, o gün her nimetten sorgulanacaksınız!"

Gerçekten de her şey bu ayette anlatıldığı gibiydi. Bütün çağlarda insanlardaki tamah ve aç gözlülüğü tanıtıyordu, ama tamah başka hiçbir çağda bugün olduğu kadar ciğer sökücü bir hırs halinle gelmemişti. İnsanların boyunlarına binmişti bu bela. Tam yüreklerinin başına indiriyordu kamçısını. Uzaklarda alayla göz kırpan yalancı hedeflere doğru bekliyordu. "Yok!" dedi... "Bu kitap ne kadar hikmetli olursa olsun, bir insan yirminci yüzyıla özgün bu acılı durumu kendiliğinden bilemezdi. Böylesine hâkim bir perdeden, öylesine apaçık bir şekilde dile getiremezdi. Hayır! Kur'an'da konuşan Muhammed'in sesinden daha güçlü, daha yüksek bir ses olmalıydı." diye düşündü o an. O bütün zamanları aşarak bu zamanlara ulaşan biriydi...

İşte Weiss yaşadığı o anı böyle anlatacaktı ve bu olaydan kısa bir süre sonra ise Elsa ile birlikte Müslüman olduğunu açıklayacaklardı. İsmini ise Muhammed Esed, olarak değiştirecekti. Daha Sonraları ise Pakistan'a giderek Muhammed İkbal ve Muhammed Ali Cinnah gibi kişilerle tanışıp faaliyette bulunacaktı. İşte böylesi bir adamdı Muhammed Esed, yani Weiss. O'nun Siyonizm ile Yahudilik arasındaki ince çizgiyi anlattığı yazıları ise her şeyi açıklıyordu: "Siyonizm, Yahudiliğe bir ihanettir. Zira Yahudiliğin özü sadece ve sadece Allah'a ibadet etmek ve onun koyduğu ilkeler çerçevesinde adil ve erdemli bir hayat düzeni kurmaktır. Siyonistler ise bu dini öğretiyi ve zengin geleneği sadece Yahudilere ait bir vatan kurma çabasına indirgeyerek; materyalizm ve siyasi fırsatçılığın zirvesine çıkmaktadırlar. Bu düşüncenin arkasında ise Yahudi nedamet duygusu bulunmaktadır. Bu duygu Allah'a başkaldıran ve ona ihanet eden Yahudi topluluklarını oluşturup modern dönemde ahlaki dileklerini ve demir atacak iskelelerini kaybettirecek bir duygudur. Ve bu

Siyonizm, Avrupa ile Arap dünyasını dahi zehirleyen ve bu ilişkiyi bozan unsurların başında gelmektedir."

Aslında burada gördüğünüz gibi Muhammed Esed çok önemli kelimeler söylemekte ve Yahudiliğin yani aslında Siyonizm'in basit bir şey olmadığını, sadece küçük çaplı bir şey olmayıp dünyada ne kadar önemli bir yere sahip olduğunu ve dünyada ne kadar derin belalara yol açtığını göstermekte. Asıl konumuza dönmek gerekirse, Muhammed Esed'in de gösterdiği gibi Siyonizm ve Yahudilik nasıl farklıysa ve Siyonizm, Yahudilere hizmet eden bir kurum olmayıp aynı zamanda tapınakçıların da Hristiyanlara hizmet eden bir teşkilat olmayışını; ikisini de aslında şeytana hizmet eden sapkın örgütler olduğunu göstermektedir.

Bunlar yüzyıllar boyunca kendilerini saklamayı başarmışlardır. Ta ki 1776 yılına kadar. 1 Mayıs 1776'da bu gizemlerinden bir nebze olsun taviz vermişler ve dünyaya açılmışlardır. O zamana kadar gerçekten kendilerini sakladılar pek ortaya çıkmadılar, zaten çıkamazlardı da. Nitekim Osmanlı vardı!

Osmanlı ki âlimlere göre raşit halifeler devrinden sonra en kudretli İslam Devleti olmuş, casusları Avrupa'nın, Asya'nın ve Uzakdoğu'nun her tarafında Osmanlı'nın adını yüceltmişlerdir. Yahudiler ancak gizlice gelebilmişlerdir bugünlere.

Ne zaman ki Osmanlı ihtişamını kaybetmeye başlamış, işte o zaman çıkmışlardır tarih sahnesine. O da hemen 1776 değil... Bu tarihte teşkilatları isim değiştirmiş ve uzun çalışmalar sonucu çıkabilmişlerdir. Çıktıklarında ise, hele şu yeni dönemde kendilerini dünya piyasasına İllumunati diye süreceklerdi. Ingolstadt Üniversitesi Kilise Hukuku profesörü filozof Adam Weishaupt diye tanıdı dünya, İlluminati'nin kurucusu olan ruhunu şeytana satmış bu tapınak şövalyesini.

ABD başkanlarının çoğu bu ve benzeri; ya da bu gibi örgütlerin altında yer almış örgütlerin ortaya çıkarıp piyasaya sürdüğü kişilerdir. Örgütlere dâhil olmayıp ya da emirleri doğrultusunda farklı yönde gitmek isteyenler, ya Kennedy gibi suikasta uğramış ya da diğer başkanlar gibi devre dışı bırakılarak istifa ettirilmiştir. Başta Hollywood olmak üzere birçok kurum ve kuruluşlar ile dünyaya adlarını duyurmuşlardır. Aslında şu an insanların onlar hakkında bildiği şeyler esasında, onların insanların bilmesi için ortaya çıkardığı ya da ortaya attığı şeylerden ibarettir. Tam bu sırada bir önceki dediğimi dikkatli okumanızı, tekrar okumanızı istiyorum.

Ne dedim? "Çoğu bunların ortaya attığı şeyler." Bakın burası çok önemli. Çünkü bunlar hakkında yazılan şeylerin yüzde sekseni yine bunlar tarafından yazılır. Dikkat ederseniz bunlar hakkında yazılan çoğu şey ise bunları "Büyük Güç" yani haşa ilah gibi dokunulmaz olarak gösterir. Yani öyle bir algı yaratmışlardır ki bunları kimse yenemez ve bunlara kimse karşı gelemez gibi bir algı. Evet, gerçekten güçleri vardır ama yarattıkları algı gibi yenilmez değillerdir.

Şimdi eğer sorarsanız neden böylesi işlere giriyorlar diye, aslında cevabı çok açıktır. İnsanları kendilerinden korkutmak ve dünyanın tek güçlü idarecisi olduklarını ilan ettirmek içindir. Bu doğrultuda algıyı çok muhteşem bir şekilde kullanıyorlar. Şu an aklınıza dahi gelmeyecek algılar peşinde hareket ediyorlar. Hatta size bir tespiti dile getireyim, işte o zaman daha net anlayacaksınız adamların psikopatça düşüncelerini.

Kitabın başından beridir de dediğim gibi, oyun gerçekten çok büyük. İlla ki denk gelmişsinizdir. Hani dünya medyasına "Uzaylı" diye servis ettikleri resimler var ya, işte onlar hep bir şeylerin hazırlığı. Sakın "Uzaylı İstilası" diyeceğimi zannetmeyin, yok öyle bir şey. Ama öyle bir şeyin olmaması, böyle bir algının ortaya çıkarılmayacağı anlamına gelmez. Evet, kafanız biraz karıştı değil mi? O zaman durun önce size çok kısa bir bilgi vereyim. Ya da tespit diyelim, daha doğru olur. O zaman taşlar kafanızda daha rahat oturacak. Zamanında, yani Amerika ile Rusya düşman olduğunda Hollywood filmlerinde her zaman Rusya baş düşmandı ve Amerika kurtarıcı olarak gösterilirdi. Ardından filmlerden dolayı Amerika'ya destek arttı, daha sonra Rusya bu Soğuk Savaş'ta yenildi. Sonra devam ettiler yine... Bu seferki filmlerde hep Ortadoğulu askerleri, yani insanları terörist gösteriliyordu. Amerika ise kurtarıcı oluyordu. Peki, sonra ne oldu derseniz? Amerika Afganistan'a, Irak'a girdi! Yani ilk başlarda insanların zihin dünyaları işgal edildi ve böylece yakında gelecek olan işgal hamlesine insanlar hazır hale getirilip, bu hamle olduğunda insanların bunu normal karşılaşması sağlandı. Ve bu zamana kadar hep de başarılı oldular sayılır. Peki, şimdi bugüne gülelim. Son filmlere bakarsanız yine Amerikalı askerler kurtarıcıdır. Ama bu sefer düşman "Uzaylılar" olmaktadır ve uzaylıları sadece Amerikalıların yenebileceği algısı yaratılmaktadır.

Aklınıza "Ne yani uzaylılar mı var?" diye bir soru gelebilir. Ama ben onu söylemedim, başka bir şey var burada. Başka bir algı, uzaylı algısı. Sanırım taşlar biraz yerine oturdu. Gelin o zaman son taşları da yerine koyalım. Yazar bu metinde ne demek istiyor, noktası gelince. Yazar bu metinde şunu söylemek istiyor ki: İleriki zamanlarda yine o cinleri kullanarak sanki uzaylıların gerçekten dünyaya geldiklerini insanlara göstermeye çalışacaklar. Bunu da biraz teknoloji ile biraz da o Kabala kitabı ile yapmak isteyecekler. Aslında ortada bir uzaylı tehdidi olmayacak. Nitekim öyle korkulduğu gibi cinlerde inanan insanlardan üstün varlıklar değildir. Tam tersi inanan insanlar cinlerden üstün varlıklardır. Oluşturulan bu algı sonucu insanlar gerçekten uzaylıların olduğuna inanmaya başlayacak ve bir süre sonra ise Amerika önderliğinde buna dur diyelim diyerek algı yaratılacak. Bu uzaylıları durdurma işini sadece Amerika'nın yapabileceği, onları sadece Amerika'nın yenebileceği doğrultusunda bir algı yaratmak isteyecekler. Evet, bunlar size uçuk bir fikir gelebilir ama inanın Amerikalılar ve onların sahipleri bunu hayal etmekte ve bu doğrultuda planlar yapmaktalar. İşte bu doğrultuda inanın bu adamlar cinlerle bile iş yapma yolunu tutmayı normal görmekte.

Allah-u Teâlâ bunu yasaklamıştır ama engellememiştir ve onlarda bunu normal görerek böyle şeylere yönelmekteler. Bu iki kesim için de lanetlenecek bir olaydır. Bildiğiniz gibi cinlerde imtihan içindedir onlara da bu işler yasaktır, ama onların içinde de bu hale girip, günaha ve lanetlenmiş bu işe girişenler ne yazık ki vardır. Şunu da belirteyim ki yanlış anlaşılmasın. Elbet onlarında tehlikesi vardır ama korkmayın, her kesime zarar verebilecek bir güçleri yoktur. Çünkü imanlı insanlar onlardan üstün yaratılmıştır. Hiçbir ümmete verilmeyen Ayet-el Kürsi bize verilmiştir. Ve daha ne sırlar verilmiştir ama bu sırları çoğumuz bilmez.

Bunu belirli kişiler bilirler ki; bunu ilk kitaba geçirenlerden biri de İbn Arabi'dir. Tekrar ediyorum biz cinlerden sonra yaratılmış olmamıza rağmen ehli iman olan kişiler, her zaman onlardan üstün konumda bulunmuştur ve öyle olacaktır. Evet, şu an aklınıza nasıl yani biz onlardan sonra mı yaratıldık diye bir soru gelebilir. Aslında konu konuyu açıyor. Bende bu konulara pek girmek istemiyorum ama kısaca söylemek gerekirse... Evet, ilk başta onlar yaratılır. Bir süre sonra aralarına gönderilen Yusuf isminde bir peygamberi öldürürler. Allah onları cezalandırmak adına bir cin olan ama kendi katına yükseltmiş kişiyi görevlendirir. Adı Azazil'dir... Yani hepimizin çok iyi bildiği Şeytan, İblis. Evet, şu an "Dur, ben yanlış mı anladım? Bu yazar şeytan önceden cindi..." mi dedi, diye; tekrar o yeri okuyup buraya gelmiş olabilirsiniz ama söyleyeyim: Evet, dediğim gibi şeytan önceden aslında bir cindi. Allah'a çok bağlı olan bir cindi. Ve sırf bu yüzden Allah onu kendi katına yükseltmişti (burada yanlış anlaşılmasın, yani yüksek bir dereceye) Ardından cinler isyan edip, kendilerine gönderilen peygambere itaat etmeyerek onu öldürünce Allah onları yok etmek için Azazil'i görevlendirecekti. Azazil ise bu görevinde başarılı olmakla beraber kibre kapılmaya başlayacaktı. Yer, gök onu övüp duracaktı. O da her şeyi kendinden bilmeye başlayacak, kendini üstün görecekti. Daha sonra ise insan yaratıldığında hepimizin bildiği o malum olaylar olacak ve kendilerinin, yani cin ırkının insan ırkından üstün olduğunu söyleyerek Allah'ın emrine karşı gelecekti. Çünkü biliyordu ki ehl-i iman olan insanlar onlardan üstün yaratılmıştı. Peki, bu zamana kadar bize şeytanı, melek diye öğretenlere ne demeli diye düşünüyorsanız... Aslında tüm ilim kitaplarında şeytan her zaman bir cin olarak ifade edilir. Yani bazı kesim hocalar cin, bazı kesim hocalar ise melek diye bakmaz. Herkes bilir ki şeytan, cin ırkındandır. Ama halkın içinden kimi kimseler ve dahi kitap açmayan bazı hocalar, onu melek diye gösterir. Hâlbuki şeytan, dediğimiz gibi cindir. Hatta Cin Suresi'ni açarsanız bu dediklerimi görürsünüz. Orada Hz. Peygamber cinlerle konuştuğunda bir cin "İçimizdeki bir aptal" der. İşte kastettiği aptal, şeytandır. Ama neyse, dediğim gibi bu konulara çok girmeye gerek yok. Ha korktuğum için girmiyorum diye düşünmeyin. Asla böyle bir şey yok. Ama bunları konuşmanın da bir anlamı yok. Zaten korksaydım, bu konulara hiç girmezdim ama bir giriş yapmak gerektiği için girdim. Tamam, söz, bu defa konuyu çok uzatmadan tekrar altını çizip son vereceğim bu muhabbete. Biliyorum baya uzadı ama şurası önemli ki; ehl-i iman olan insanlar, onlardan üstün yaratılmıştır. Yeter ki sen Allah'a itaat eder konumda ol. Eğer sen Allah'a isyan edersen, o zaman onlar senden üstün olmaya başlarlar. Bunu da asla unutmayın. Bu arada aklınıza şu soru da gelebilir belki, onu da cevaplandırayım." Sayın yazar, madem Allah onu yasakladı, peki nasıl bunu yapıyorlar?" Hemen cevap vereyim sayın okuyucu: "Öncelikle içki yasaktır ama Allah içkinin yapıldığı üzümü yaratmıştır. Ve içki yapıldığında bir şimşek gönderip yok etmemiştir, etmiyordur da. Yasaktır fakat bir imtihan aracı olarak bırakılmıştır. İşte bu da böyledir sayın okuyucu, yasak edilmiştir ama bir imtihan durumu olmak üzere bırakılmıştır insanların önüne. Bu arada şunu da eklemek isterim ki: Allah-u Teâlâ her zaman bunların karşısına bir dua ordusu göndermiştir. Allah dostları sadece insanları doğru yola getiren ve bir yerlere girip oradan çıkmayan kişiler değil. Onların da manevi dünyada bin bir savaşları bulunmakta. Evet, belki bu dediklerim size klasik gelecek ama gelmesin. İnanın onlarda manevi âlemde nice mücadeleler etmekteler. İbn Arabiler, Mevlanalar, Abdülkadir Geylaniler, İmam Rabbaniler işte ne bileyim Said Nursiler, Gazaliler hep bir kalkan olarak bulunmuş kişilerdir. Ve ayrıca onların kitaplarını da unutmuş olmayalım. Tamam, belki saydıklarım arasında bazı kişileri yanlış tanımış olabilirsiniz ama tanıtıldığı gibi değildir asla onlar. Kimden bahsettiğimi belki anlamışsınızdır. İbn Arabi'den... Çünkü bazıları onun için kâfirdi aslında derler... Peki, gerçekten öyle mi?

KÂFİR Mİ? EVLİYA MI?

Öncelikle kimin iyi, kimin kötü olduğunu anlatmıyorum burada. Ama bu sorulara da, belki bir nebze cevap olması için birazdan anlatacaklarımı aktarmak isterim. Evliya Çelebi seyahatnamesinde şöyle bir olay anlatır:

"Allah'ın hikmeti bir gün Yavuz Sultan Selim Han, Şam kışlağında Kemal Paşazade ile kitap okurken Muhyiddin İbn Arabi'nin bir risalesinde "Sin(Selim), Şın (Şam)'a girdiğinde mezarım belli olur." lafzını görüp, bunu kendisine yoran rumuzlara da denk gelir. Kafasına takılan bu iş sonucu, İbn Arabi Hazretleri'nin kabrini de ortaya çıkaralım diye Şam'ın yaşlı insanlarından sordular. Asla bir kimse, bir şey söyleyemedi. Bazıları mezarı Şam'ın çevresindedir, böyle söylemelerinin sebebi ise kabrin belli olmadığındandır dediler. Selim Han buna hayli üzüldü. Bir gece rüyasında İbn Arabi Hazretleri'ni gördü. Hazreti Muhyiddin gelip:

"Ey Selim! Senin Şam'a gelmeni beklerdim, safa geldin. Mısır gazan nasip oldu... O topraklar sana müjdelendi. Sabah ahırında siyah bir ata bin, o at seni bana getirip bulur. Beni çöplükten kaldırıp bu selahiyede bana bir türbe, tekke, camii imarethane, medrese, sıbyan mektebi, hamam, mahkeme, darüşşifa, dükkânlar, çeşme yap ve arklar ile su getirip benim selahiyemi imar eyle. Yürü işini Allah rast getire. Mısır Fethi nasip oldu." der. Selim Han bu rüyayı görüp uykudan uyanınca:

– Tez bir siyah at eyerleyin!

– Siyah at yoktur, derler.

– Elbette bulun, diye zorlar. Bilahare bir siyah çakal, uyuz beygir var imiş. Tüm hizmetkârlar başına üşüşüp bunu bir tımar ederler ki, beygirin aklı başına gelir eyerlerler. Selim Han binip yularını eyer hanesine bırakır. At kişneyerek, oynayıp, zıplayarak, haykırarak selahiyeye varıp bir çöplük üzerine çıkıp eşinmeye başlar. O merkep (binek) öyle eşer ki Selim Han üstünde takat getiremeyip mecburen iner. Ta ki o at eşine eşine bir dört köşe taş çıkarana kadar. Ve bundan sonra eşinmekten vazgeçer. Sanki hizmetini yerine getirmiş gibi Selim Han'ın yanına gelip, sakin durup hal diliyle "İşte Muhittin Arabi'nin kabri budur." der gibi öylece bekler. O an Selim Han bakıp görür ki

"Hâzâ gabru Muhyiddin." Yani "Bu Muhyiddin'in kabridir." diye yazılmış.

Meğer eski zamanda inkârcılar, şeyhi bazı tasavvufî teliflerinin tadına varamayıp; küfürle suçlayıp, mübarek kabrinin üzerine çöplük atıp, kabri kaybetmişlerdir. Derhal Selim Han Şam'da ne kadar mühendis, mimar, yapı ustaları var ise toplatıp, bizzat kendileri de etekleri ile şeyhin hizmetinde bulunmak için çöp taşıyınca; bütün İslam askerleri de taşıyıp, göz açıp kapayıncaya kadar temizlemişlerdi orayı. Ve ardından tamamen kurşunla örtülü han, camii, imaret, medrese, mektep, türbe, mahkeme, ziyaret evi ve darüşşifa inşa ettirmişti."

(İbn Arabi'nin kabri şerifi)

İşte Evliya Çelebi böyle anlatır olayı. Kemal Paşazade'nin İbn Arabi Hazretleri'ne yönelik bir fetvası ve İbn Arabi'nin "Sin(Selim), Şın (Şam)'a girince Muhyiddin'nin kabri ortaya çıkacak." ibaresi yazılmıştır. Artık varın gerisini siz düşünün. Yani anlayacağınız İbn Arabi öyle basit bir insan değildi. O yıldızların ve harflerin dilini bilen kişi olarak tarihe geçmiştir. Ha bakın, bu arada bunu da söylediğim iyi oldu. Bu Kabala büyüsü olayını daha iyi anlamış oluruz. Ama tabi size bu anlatacağım büyü değil, İslami bir ilimdir. Yasak bir şey de değil, ama herkesin yapabileceği bir şeyde değil.

Öncelikle bu diyeceklerimi yanlış anlamayın. Allah-u Teâla'nın izniyle bazı kişilere, yine Allah-u Teâla'nın Kur'an'ından bakılarak (ki buna ebced hesabı derler) gelecek ile ilgili bazı tahminler ortaya çıkar. Ayrıca yıldızlara bakılarak da yapılır. İlk başta dediğim gibi, bazı harfler ve kelimeler birleştirilerek Kuran-ı Kerim'den de yol bulunur. Bu arada bir de Hazreti Ömer imanı tam olmayan kişilerin bu ilimle uğraşmasını istemez. Çünkü bu öyle bir ilimdir ki, bu ilimle gelecekten bir şeyler görmeye başladığınız vakit artık her şeyi kendinizden bilmeye başlar ve kendinizi ilah zannetmeye başlarsınız. Bu da Allah korusun sizi yoldan çıkarır. İşte bu ilim, öylesine derin bir ilimdir. Bu yüzden konuya çok da derinlemesine girmeye gerek yok. Zaten girsem de öyle kolay kolay anlayabileceğiniz bir dil değildir. Yanlış anlamayın burada amacım çokbilmiş gibi görünmek değil, çünkü bunu ben de başaramam. Bu ilmi yapmak için sadece o ebced hesaplarını yapmak yetmez. His denen şey de lazımdır. Bu his de öyle herkese verilmez. İşte burada Allah dostu olma durumu ortaya çıkması gerekir. Zaten bu ilmi elde eden Allah dostları her zaman bunları Allah yolunda kullanmıştır. Anlayacağınız sadece o dönemde değil, aynı zamanda her dönemde böylesi insanlar vardı. Hatta kısaca başka bir örnek olsun diye Gazali'yi gösterebilirim.

Nitekim Gazali'nin yaşadığı o yıllar felsefe akın akın İslam dünyasının üzerine geldiğinde o dönemde Allah Azze ve Celle'nin varlığı sorgulandığı oldu. Allah'ın, haşa yerini sordular, acaba nerede bulunuyor gibi... İşte o dönemde bu laflar iyice yükseldiğinde İmam Gazali gelecek ve onun döneminde ihtilafa düşmekten korunulacaktı.

Diğer yandan günümüze yakın örnek vermek gerekirse: Komünizmin Anadolu'ya girdiği devirlerde ise Said Nursi'nin eserleri gerçekten önemli bir etken olacaktı onları durdurmakta.

Peki, böylesi kişiler şimdi var mı derseniz, bunu tam bilemem ama zamanında bu kesime büyük bir baskı yapıldı. Tabi amacım bir kesime karşı nefret uyandırmak değil, lütfen yanlış anlamayın. Yani aslında çok girmek istemem ama bildiğiniz gibi, belirli dönemlerde âlimlere ve dine gerçekten büyük baskılar yapıldı. Nice âlimlerden darağacına gidenler oldu. Aslında fikirler farklıydı. Yani herkes kendince bir sebep ortaya çıkarıyordu. Gerçekten bazı kişiler dini kullanıyorlardı, ama bunun yanında dini yaşayanlardan da mağdur olanlar oldu. Hele Osmanlı'nın son döneminde de bunlar vardı. Fakat bu dini kullananlar hedef gösterilip diğer gerçek Allah dostları da hedefe konuldu. Ve niceleri asıldı. Amaç onların bu ülkeye zarar verdiği düşüncesiydi. O yüzden onların bir daha çıkmasını istemediler. En büyük hata burada başlıyordu ki bu din konusundaki en büyük hatayı, ayrım yapmamakla yaptılar. Her şeyin elbet bir kötüsü olacaktı ama kötüsü var diye, iyileri de kötü demek değildi. Bu yüzden çok kişi asıldı suçsuz yere. Tam tersi de vardı yani suçsuz zannedilenlerde vardı, ama suçluydu. Anlayacağınız çok karışık bir dönem. Ve siz bu karışık dönemden de rahat rahat bahsedemiyorsunuz. Çünkü Türkiye'de bir ideolojik bataklık hastalığı var. Ya göklere çıkarıyoruz kişi ve ya kişileri, ya da yerin dibine koyuyoruz. Belgeleriyle konuşup da doğru iş yapmıyoruz. Aslında yapmamız gereken, bu işi belgeleriyle yapmak olması gerekirdi. Ama elbet belgeler daha da gün yüzüne çıkmaya başladıkça, daha da ortaya serildikçe olaylar daha da netleşecek. Buradaki sözüm yanlış anlaşılmasın. Burada kimseyi hedef alıp yerin dibine sokmaya çalışmıyorum, ya da birini gösterip büyütmeye çalışmıyorum. Sadece iki tarafında yanlış yapmakta olduğunu açıklamaya çalışıyorum. İki taraf da kendi değerlerini yükseltiyor, ama aynı zamanda diğer tarafın değerlerini de hiç sorgulamadan yerin dibine batırıyor. Anlayacağınız sayın okuyucu, lütfen okuyun! Belgeleri okuyun, kitapları okuyun, tarihi okuyun…

Size İbn Arabi'den bahsettim. Sadece benimle kalmayın, gidin İbn Arabi'nin "Eş-Şeceret'un Numaniyye Fi'd Devlet'il Osmaniyye" eserini biraz karıştırın. Doğruyu yanlışı her zaman bulmaya çalışın. Bir tarafa kahraman derken diğer tarafı hain ilan etmeye çalışmayın. Orayı yanlış yapmıştır "yanlış" deyin; burayı doğru yaptıysa da "doğru" demesini öğrenin. Ama bunları belgeleriyle anlamaya çalışın. Hakk'ı, batıldan ayırt etmek için biraz okuyup, aklımızı kullanmamız yeter. Ben bunları şimdi size anlatıyorum, lakin gün gelecek siz de başkalarına anlatacaksınız, anlatmakla yükümlüsünüz. Çünkü her şeyin bir zekâtı olduğu gibi, ilminde zekâtı vardır unutmayınız. Bazen konuştuklarımıza komplo teorileri, bazen anlattıklarımıza yalan diyecekler, bazen de küçük görecekler. Ama siz bir şeyi hakkıyla yapıyorsanız, o yolda yalnız yürümesini de bileceksiniz. Yaptığımız her şeyi Allah rızası için yapacağız. Gece uykudan uyanıp kitap okurken dahi bunu Allah için yaptığımızı unutmayacağız. İnanın bu size moral olacaktır. Bu amaç bizi imanlı bir ölüme götürecektir. İşte o zaman tüm yaptıklarımız gerçek bir ödüle layık görülmüş olacak.

Şunu da ekleyeyim ki: Bazen kitap okumak yetmez, tecrübe de önemlidir. Unutmayın, tecrübe sahibi olmak hayat ile orantılıdır. Nitekim eskiden "Kocakarı imanı" diye bir tabir vardı. Cahildi eskiler, âlim değillerdi, pek bilmezlerdi. Ama ariftiler, bir şeylerin farkındaydılar, hayat tecrübeleri pek yüksekti. Bazen bir söz ederler, binlerce sayfa çıkardı o sözden. Belki onlar bunun farkında değillerdi fakat onlara bunu sağlayan hayatın tecrübeleriydi. Acısıyla, tatlısıyla yaşadığı tecrübelerdi. Bu yüzden yaşadığınız tecrübelerden dolayı üzülmeyin. Bazen çok kötü tecrübeler de yaşayabilirsiniz, yıkılmayın. Bazen çok iyi tecrübeler de yaşarsınız, aşırı sevinmeyin. Bu tecrübeler size hep bir ilimdir, bilgidir. İleride kullanabileceğiniz bir nimettir. Tecrübe her şeyden ötedir, bunu aklınızdan çıkarmayın. Bu tecrübeler, bilgiler, hatalar sizi ya doğru yola götürecektir ya da yanlış yola. Bu sizin elinizde. Ne olursa olsun, bilginizi tam tutmak için okuyun. Bir şeyin üzerine giderken yarım yamalak yapmayın. Hatta size bir örnek vereyim. Hani derler ya, "Yarım doktor candan, yarım hoca imandan eder." İşte yıllar boyunca yarım hocaların bizlere söyleyip, çoğu kişiyi rahatlığa sevk ettiği bir hadis vardı. Hani hadisi illa ki duymuşsunuzdur. "Kalbinde zerre kadar imanı olan cennete girecektir."

ÇOK OKUYUN TAM OKUYUN

Araya bir başlık attım ama umarım kafanız dağılmamıştır. Konu yine devam ediyor. İleride o başlığın ne demek istediğini anlamaya başlayacaksınız. Neyse, biz o hadise dönelim. Hadisin devamında aslında her şey anlatılıyordur. Bir gün Peygamber Efendimiz (sav): "Kalbinde zerre miktarı iman olan cennete girecektir." buyuruyor. İşte biz tam da şu zamana kadar hadisin hep bu tarafını aldık, Ama devamı var... Neyse işte... Bu müjde sonrası sahabe hemen Hazreti Peygamber'e: "Ya Resulullah zerre miktarı iman nedir?" diye soruyor. Hazreti Peygamber Efendimiz Sallallahu Aleyhi ve Sellem buyuruyor ki: "Bir Müslüman, vakit namazlarından birini elinde olmadan kaçırırsa ve sonraki namazın vakti girdikten sonra hatırlarsa, bundan dolayı da kalbine bir şiş saplanmış gibi olursa, işte onda zerre miktarı iman var demektir." Hadisin tamamı aslında budur. Ama gel gör ki hadisi cımbızlayıp sadece bir kısmını almaktalar. Bunları da genellikle bu Ehli Sünnet düşmanları dediğimiz kişiler yapmakta. İşin acı tarafı ise, bizim hocalar da pek okuyup araştırmadan rahatça bu tuzağa düşmekteler. Nitekim bu hadisin çoğu camide sadece ilk kısmının okunduğunu duyarsınız. Bizlerin bu yüzden çok ama çok okumamız gerekir. Hem de deliler gibi okumak gerekir. Çünkü gidilen okullar kimseye yetmeyecek. Bunu da bilmeniz, bildirmeniz gerekir. Çünkü okullar sizi yetiştirmemek için kurgulandı resmen. Ne yazık ki eğitim sistemimiz böylesi acı bir halde. Okullar yıllarca okutup cahil bırakmak için kurgulandı adeta. Önceden de dediğim gibi 4-5 şık arasında kalan gençlerin bulunduğu yerdir okul. İnanın bu durumun farkına varmadıkça, bir kurtuluşu asla tam olarak elde edemeyiz. Bu herkesin görevidir. Öğretmeninden imamına, akademisyeninden başka bir görevlisine kadar okumak ve okutmak ve bu bilinci aşılamak herkesin görevidir. Aklınıza Kudüs gelsin, Doğu Türkistan gelsin, Kırımlı kardeşleriniz gelsin, Afganistan gelsin... Onlar için okuyun, kendinizi güçlendirin. Onlara zulüm yapanlara karşı dik duracağınız zamanlar için okuyun. Çünkü düşmanlarımızın korkusu kendilerine karşı bir isyan değil, kendilerine karşı "Bilinçli Bir İsyan"dır.

Evet, şimdi sizlere konuyu çok daha fazla uzatmadan yeni yeni bir kapı açacağım. Aslında tek kapı değil, iki kapı açacağım. İki konu... Evet, biliyorum, belki şimdiye kadar anlattığım konuların bazıları yarım kalmış olabilir; belki anlattıklarımı anlamada, yani bazı konularda güçlük çekmiş olabilirsiniz. Ama şu andan itibaren anlatacaklarımla hem yarım kalan konuları tamamlamış olacağız, hem de anlamakta güçlük çektiğiniz yerleri daha rahat kavrayabileceksiniz.

Bunlardan biri yakın tarih olup, anlatılmamış ve hiç anlatacağım yönden bakılmamış açıları ile bir devrin perde arkasını anlatırken; diğer yandan ise III. Dünya Savaşı diye tabir edilen ama aslı Son Savaş olup, Büyük Savaş olarak adlandırılacak dünya kapışmasıdır. Dünya kapışmasından önce, tarihin hiç birlik oluşturulamayan devrini sizinle paylaşmak istiyorum. Lütfen ideolojik fikirlerini bir köşeye bırak. Çünkü burada bazen Mustafa Kemal'in hamlelerini doğru bulurken, bazen de eleştireceğim. Sadece o değil... Vahdettin olsun, İnönü olsun... Bugün seninle derin bir mevzuya gireceğiz. İşte bu yüzden artık kabuğunu kırıp, etrafını sarmış ideolojik düşüncelerin dışına çıkma vaktidir. Şimdi, tarihe objektif bir şekilde bakma zamanıdır.

Evet, sayın okuyucu, sizin de çok iyi fark ettiğiniz gibi bu ülkeden bir Mustafa Kemal geçti, ardından 90 yıl konuşuldu. Kimileri ona hakaret ederken, kimileri göklere çıkardı. Bir kimse de açıp belgeleriyle "Şu tarih neymiş?" diye okumadı. O günü ya kötü, ya da iyi anlattılar. Ama aslında sayın okuyucu o gün…

"Mesele okumak değil sayın okuyucu. Mesele doğrusuyla yanlışıyla okuyup doğruyu anlamaya gerçeği bulmaya çalışmaktır..."

Dedim ya, bu ülkeden bir Mustafa Kemal geçti ardından 90 sene konuşuldu. Kimileri Yahudi dedi, Mason dedi; kimileri Allah dedi, peygamber dedi. Kimileri övdü, kimileri yerdi. Hiç kimse de çıkıp "Bu adam her şeyden önce bir insandı, insan!" diyemedi. Mustafa Kemal gerçekten iyi bir komutandı ve gerçekten siyaseti iyi bilen bir devlet adamıydı. Zaten Vahdettin tarafından seçilme sebebi de buydu. Dediğim gibi başarısıyla, zekâsıyla; hatalarıyla, yanlışlarıyla Mustafa Kemal bir insandı. Gelin onu en başından anlatmaya başlayalım. Bunu anlatmadan önce, bunundа bir evveliyatı var ve bu önemli bir husus. Belki gençler hatırlamaz, ama yaşı büyük olanlar bilir o satırları. O ders kitaplarındaki o yanlış ve aciz satırları.

"Yeni Padişah Vahdettin aciz ve korkak bir adamdı, gösterişli selamlıklar tertip ediyor, ihtirasla sarıldığı tahtında el etek öptürüyordu." Evet, bu sözü çok iyi hatırlar eski nesil. Bir vakitler tarih böyle okutuluyordu. Gençlerin zihnine O'nu (Sultan Vahdettin Han) böyle kazıyorlardı. Genç nesillere yıllarca ne kadar hain ve ne kadar korkak olduğu anlatılacaktı. Onun için Osmanlı'ya ihanet ettiği ve ülkesini sattığı söylenecekti. Oysa Sultan Vahdettin, kendisini ve yaptıklarını milletine anlatma fırsatı verilmeyen köklü bir imparatorluğun son sultanıydı. Ülkesi için, sırf kardeş kanının akmaması için çıktığı uzun yolda hain damgası yemeye bile razı olan Sultan Vahdettin'di o.

Tahta geçtiği sırada I. Dünya Savaşı'ndan kalan korkunç neticeler üzerine binmişti, ne yapılabilirdi ki? I. Dünya Savaşı'nda mağlup ayrılmış, yanlış ittifaklar ve yanlış askeri stratejiler yüzünden sebepsiz yere cephelerde sürüklenen milyonlarca Anadolu, Balkan, Kafkas ve Hicazlı vatan evlatlarını şehit vermiş, bir dönemin son sultanıydı. O tahta geçtiğinde çoktan her şey bitmiş ve bu savaşın asıl sorumluları İstanbul'dan kaçmıştı bile. Her şey ona kalmıştı, ama o ne yapabilirdi ki? Evet, o ne yapabilirdi ki? Taht ona görünürde V. Mehmet Reşat'tan kalmıştı. Lakin perde arkasında ise İstanbul'dan çoktan kaçmış İttihatçılar vardı. Bürokraside söz sahibi olan İttihatçılardı. Çoğu kimse bunu bilmez. Hele gençler zanneder ki: Devleti o vakitler hep padişah yönetiyor, ama öyle değildir. Devleti hükümet yönetmektedir. O günkü hükümet ise İttihat ve Terakki'ydi. Osmanlı, cephelerde aldığı ağır yenilgilerden sonra (ki bu ağır yenilgilerin alınmasının en büyük sebebi olan İttihatçılardır) İttihatçı kadrolar kendilerini bürokrasi ve askeriyeden tasfiye etmiş; Talat, Cemal ve Enver Paşa'lar başlarına bir iş gelmesin diye yurtdışına kaçmışlardı. O dönemde Sultan Vahdettin, İttihatçı baskısından kurtulmuş gibi görünüyordu ama gel gör ki elinde kala kala düşmana teslim edilmiş, işgal altındaki bir ülke ve anaları ağlayan bir millet kalmıştı. Sultan Vahdettin sanki ateşten bir gömlek olan tahta oturmuş, Osmanlı ise en karanlık zamanlarını yaşamaktaydı. Fakat tarih kitaplarında nasıl okudunuz bunları, diye sorar isem ki hâlâ büyük ihtimal öyle de okutuluyor olabilir! Bunların hepsinin sorumlusu Vahdettin olup, sonradan kaçmış gibi bir portre çiziliyordu değil mi? Fakat o tahta geçtiği zaman İngilizler çoktan devleti ele geçirmiş, İstanbul çoktan onların avuçları altında gibi bir durumdaydı. Diğer işgal devletleri ise Anadolu'da yavaş yavaş yer etmekteydi. Anlayacağınız yukarı tükürsen bıyık, aşağı tükürsen sakal halini almıştı Osmanlı. Sultan Vahdettin ise bu durumun farkındaydı. Belki de Vahdettin Han, tarihte eşine az rastlanır bir Kurtuluş Mücadelesi başlatacaktı. Bu mücadele yedi düvele kafa tutmak demekti, bu mücadele dünya ile tekrar savaşmak demekti ve en kötüsü ise bugün Atatürk'ün "Yurtta sulh, cihanda sulh." sözünü yanlış anlayanlar o günde de vardı. Dünya ile oyun oynanmaz, diyorlardı Sultan Vahdettin'e. Kimi İngiliz mandasını, kimi Amerikan emperyalizmini benimsemişti bile. Anadolu'ya geçip Kurtuluş Savaşı'nın başlamasını istemiyorlardı. Çünkü bunu imkânsız görüyorlardı, ama o kararlıydı. Bu yüzden birini seçmeliydi.

Ve bu yüzden seçilen kişi, Mustafa Kemal olacaktı. Aslında ondan önce başka paşalar da gönderilecekti lakin onlar İslamcı ve Osmanlıcı kişilikleri dolasıyla İngiliz Derin Devleti'nin casusları tarafından etkisiz hale getirildiler ya da yok edildiler. Durumun farkına varan Sultan Vahdettin, Şeyhülislam Mustafa Sabri Efendi'nin tüm itirazlarına rağmen 15 Mayıs 1919'da Yıldız Sarayı'nda bir kütüphane odasında Mustafa Kemal Paşa ile bir araya geldi. Mustafa Kemal'i üst düzey yetkilerle donattığını söyleyerek Anadolu'ya gönderdi. Ha Mustafa Sabri Efendi neden karşı çıktı, derseniz... Çünkü Mustafa Kemal'in diğer paşalardan ayrılan bir özelliği vardı. Evet, o da bir Osmanlı paşası idi, ama aynı zamanda Batıcı ve Türkçü fikirlere sahip biriydi. Ve bunu herkes biliyordu. Vahdettin bilmiyor muydu, diye gelmesin aklınıza. Tabi ki biliyordu Vahdettin de, ama önceki gönderdiği paşalardan ders almıştı artık. O paşalar İslamcı ve Osmanlıcı olduğu için ortadan kaldırılıyordu, ama Mustafa Kemal ise aynı zamanda Batıcı ve Türkçü fikirlere sahip olduğu için o kadar çok dikkat çekmez diye düşünüyordu. Yani bir bakıma onların gözlerini boyayıp orada rahat hareket edebilecek bir kişi lazımdı. Aynı zamanda bu kişinin öyle ucuz biri de olmaması gerekirdi. Gerçekten iyi bir komutan olması lazımdı ki halka liderlik edebilmeli idi bu çetin savaşta. Ve bu kişi de, kendisine uzun dönemler yaverlik yapan Mustafa Kemal Paşa'ydı. Bu işin altından kalkması için ona görev verilecekti.

Zaten Vahdettin'in eli kolu bağlıydı, hiç bir şey yapamazdı kendi başına. Ha neden yapamazdı? Çünkü onun bürokrasisi buna müsaade etmezdi. Her yönden eli kolu bağlanmıştı. Saraydan dışarı adım atamıyordu, sözü artık İstanbul'da dahi adam akıllı geçmiyordu. Çünkü resmen işgal altındasın ve hep de tehdit ediliyorsun. Tehdit ise şu: Eğer Sultan İstanbul'dan ayrılırsa İngilizler, İstanbul'u Yunanlılara bırakır (ki, bu gerçekten büyük bir katliam demek olurdu). Artık kendisi etkisiz hale getirilmişti. Tıpkı Abdülhamid Han'ın son bir yılı ve Mustafa Kemal'in son yılları gibi. "Nasıl yani, ne demek bu?" diye düşünüyorsanız, cevabını ileride vereceğim. Biz şimdilik konuya devam edelim...

Vahdettin'in durumu buydu ve bir strateji yapmalıydı ki, yapmıştı da zaten. Aslında bu strateji tümden ona ait bir strateji değildi. Yani toplu bir planlama vardı ortada. Bu planı tümden hazırlayan ne Vahdettin, ne Mustafa Kemal, ne de başka biriydi. Herkesin bir dahli vardı bu stratejide. Ama gel gör ki tarih kitaplarında ne denir? "Mustafa Kemal istifa etti de Milli Mücadele'ye başladı." Hâlbuki bu o kadar kolay bir iş değildir. Mustafa Kemal gerçekten askerliği seven biridir ve oraya gittiğinde bir plan olmasa, böyle rahat rahat direkt istifa ettim diye bırakmazdı. Nitekim Kazım Karabekir Paşa'nın tüm ordusuyla gelip "Emrinizdeyim Paşam!" demesi, aslında bir devlet planının olduğunu gösteriyordu.

Artık istifa ettiğinde Mustafa Kemal tek başınaydı. Dur dur, eksik söyledim sayın okuyucu. Tek başına değildi, tek başına görünüyordu. İşte mesele tam burada başlıyordu. Çünkü istifa etmese İstanbul'a gelmek zorundaydı ki bu onun sonu demek olurdu. Diğer yandan baktığınızda ise istifa ettiği için artık hiç kimsenin onu takmaması gerekiyordu. Ama gel gör ki nasıl askerlikte herkes onun emrinde ise, istifa ettikten sonra da herkes onun emrini dinlemeye devam ediyordu. O artık, Sultan Vahdettin'in açtığı yolda gerçekten bir "Osmanlı Paşası" ve bir milletin, imkânsızlıklar üzerine kuracağı devletin komutanı durumundaydı. Evet, Mustafa Kemal batıcı fikirlere sahipti ve padişah buna rağmen seçmişti onu. Zaten batıcı fikirlere sahip olmak o vakitler sorun değildi. Tam tersi II. Mahmut'tan önce başlayan bir yönelme ve yenilenme hareketiydi. İşte bu doğrultuda Sultan, Mustafa Kemal'i seçmişti. Zaten Sultan'ın yapacağı tek bir şey vardı, o da ya bu devleti oldurmaktı ya da öldürmek.

Hızla ilerleyen milliyetçilik akımı imparatorlukları birer birer yok ederken, güçsüz duruma düşmüş Osmanlı'nın bundan nasibini almaması düşünülemezdi. Sultan da bunun farkındaydı. Devletin tamamen yıkılması demek, belimizi belki de bir daha doğrulatmamamız demekti. Bu yüzden artık devleti yıkıp yeni bir devlet kurma planı devreye girdi. Ki, bu sayede ancak kısa sürede toparlanabilirdik. Türk tarihi hep böyle akıyordu. Aslında ortada yıkılan bir devlet olmuyordu, isim değiştiren devletler vardı. Devletinin ismini değiştiren bir millet oluyordu. Bu doğrultuda herkes bir fikir ortaya atıyordu. Herkes bir kurtuluş yolu arıyordu. Kimi isyan, kimi bağımsızlık, kimi mandacılık, kimileri de başka fikirler... Ama şunu da eklemek gerekir ki Türkçülük, İslamcılık, Osmanlıcılık ve ya Batıcılık olsun, bunların hepsi aslında aynı amaca hizmet etmekteydi. Hepsi de devletin bekasını düşünmekteydi (Bazı şahsiyetler hariç). Bunların hepsi, gözünü bile kırpmadan bu devlete canını feda edebilirdi. Sadece yöntemleri birbirlerinden farklı idi, o kadar. Vahdettin'de madem bu olmuyorsa, bu olsun diye strateji geliştirdi ve Mustafa Kemal'e "Devlet yık, devlet kur, ama devlet olma!" emrini vererek Anadolu'ya gönderdi.

Mustafa Kemal bu sözü hakkı ile yerine getirmeye çalıştı. Sultan Vahdettin'in dediği gibi devleti yıktı, devleti kurdu ama devlet olmama aşamasında problemler ortaya çıktı. İşte burada bir mevzu daha açmak gerekiyor. Elbet Mustafa Kemal'in bu millete yaptığı bazı şeyler gerçekten bir hata olmuştu. Ama bunların da bilinmesi lazım. Bir insanın doğrusu varsa hatası da olabilirdi. Ha bazı hatalarını, doğru olduğunu düşünerek böyle yaptı. Bir yerlere hizmet etmek için değil. Dediğim gibi yaptığını, doğru olduğunu düşünerek yaptı. Buradaki farkı iyi anlayın.

Misal Enver Paşa'yı düşünün. Gerçekten yaptığı politikalarda çok büyük hatalar vardı ve bu hataların bedeli de ağır oldu. Ama o, bu hataları yaparken, şuna buna kölelik etmek için değil; gerçekten yaptığının doğru olduğuna inandığı için bir şeyler yaptı. Ya da isyan eden şehzadeleri düşünün. Hainlik için değildi isyanları... Kendilerinin devleti daha iyi yönetebileceklerine inandıkları için isyan ettiler.

KUŞATILMIŞ MUSTAFA KEMAL ATATÜRK

O dönemleri anlatmama gerek yok diye düşünüyorum. Zaten çok kitap var o dönem hakkında. Ben sadece o dönemin farklı bir yanını anlatacağım sizlere. Seçim yıllarını... Bir de o yılların ilerisini... Hatta ilerisi öyle bir dönemdir ki, işte o bölümü çoğu tarih kitabı yazmaz. Atatürk'ün kuşatmaya alındığı o yıllar. Dostum dediği kişi "Brütüs" olup hançer sapladığı o yıllar. İlk başta size dediğim gibi, Mustafa Kemal'in son dönemi Abdülhamid'in ilk ve son dönemi gibidir. Kuşatılmış ve yalnız. O yıllarda, başına bela ettiği İnönü yüzünden hayatının son bir kaç yılını resmen hapishane gibi Çankaya Köşkü'nde geçirmiştir. Sultan Abdülhamid Han'ın ilk yılları ve son yılları bürokrasi olarak köşeye sıkıştırılmış ve elinden tüm imkânlar alınmış bir vaziyette geçtiği gibiydi.

Ve aynı zamanda Sultan Vahdettin Han'ın etrafındakilerin baskısı yüzünden saraydan dışarı adım atamaması gibiydi. İşte Mustafa Kemal'de aynı şekilde İnönü'nün bürokrasisine son yıllarında resmen teslim olmak zorunda kalıyordu. Evet, çoğu kişi onları son anlarına kadar dost olarak gördü, ama inanın öyle değildi. Çünkü siyasetti bu. Siyasette ise dost diye bir şey yoktur, rekabet vardır.

Nitekim Kurtuluş Savaşı kazanıldığında, yanına gelinip "Şimdi ne yapacağız?" diye sorulduğu vakit Mustafa Kemal, dönüp açık sözlülükle aynen şunu söylüyor: "Ne yapacağız diyor... Şimdi de birbirimizi yiyeceğiz." Bunu söylüyor... Çünkü siyaset nedir, bunun farkında. Kurtuluş Savaşı'na kadar tek bir hedef vardı ki; o da düşmandı, ama ondan sonra hedef diye bir şey kalmadı. Bu doğrultuda siyaset, dostları bir bir yemeye başlayacaktır. Mustafa Kemal ilk başlarda ne kadar etkin olsa da; son yıllarını resmen bürokrasi telleriyle etrafı sarılmış, yönetimden uzaklaştırılmış, ardından ise âdeta Çankaya'ya hapsedilmiş bir şekilde geçirecekti. Aslında kendisi zeki biriydi ama zekâ tek başına yeterli bir vasıf değildi insan için. Zekânın yanını, en başta irade olmak üzere bir sürü vasıfla doldurmanız gerekir. Mustafa Kemal'de iradesine yenik düştü. Her insanın mutlaka bir zaafı vardır, o zaafınız insanlar tarafından bulununca, size yavaştan yavaşa zarar vermeye başlarlar. O da bir insandı, onun da bir zaafı vardı. Onun zaafı ise devlet başkanlığıydı. Tüm dünyada olduğu gibi o da o zaman için (ki bu sözüm ona hakaret gibi algılanmasın ama) gerçekten yönetimde bir tek adam gibiydi. Ne denirse yapılıyordu. Nitekim Abdülhamid dönemi de böyleydi. O zamanlar kimse Atatürk'ün hiçbir dediğine itiraz etmiyordu. Süte siyah dese, kimse karşısına çıkıp da "Hayır Gazi Paşam, bu süttür ve süt beyaz olur." diyemezdi. Çünkü artık devlet olmuştu, kendisine itiraz kabul etmiyordu. Günde üç paket sigara içip, aşırı derecede alkol alırken bir kişi bile yanına gelip "Gazi Paşam, bu sağlığınıza zarar verir." demedi ve daha 57 yaşındayken öldü. Onun yönetimi tek başına elde tutma isteği, etrafındakilerin kendisinden nefret etmesine sebep oldu. Atatürk ise bunu yaparken Abdülhamid gibi devleti ben tek başıma daha iyi yönetebilirim düşüncesindeydi. Ama bu düşünce, Abdülhamid zamanında olduğu gibi etrafında karşı cepheler oluşturuyordu. Abdülhamid Han'ın karşısında, saraydan gelin almış Enver Paşa; Atatürk'ün karşısında ise dostum dediği İnönü vardı. İşin acı yanı ise Atatürk'ün etrafındakiler onun ölmesini istiyordu. Bu yüzden kimse ona "Şu kadar çok içki içiyorsun, aman paşam çok sigara içiyorsun, gece çok geç yatıyorsunuz bir doktora görünün demiyordu." Onun ölümünün yaklaşmasını gün sayarak bekleyenler vardı. Aslında şimdiki halktan çoğu kişi zannediyor ki, bakanlar, vekiller Mustafa Kemal'in hep başta olmasını istiyordu. Hâlbuki çok kişi Mustafa Kemal ölse de, bir an önce devletin başına ben geçsem diye düşünüp duran ve suikast planlarını kuran kişilerden oluşuyordu. İnönü'nün devletin her alanına yerleştirdiği bürokratlardı bunlar. Eksiksiz hepsi Mustafa Kemal'siz bir devlet istiyordu. Çünkü Mustafa Kemal dururken hiçbiri rahat hareket edemiyordu. Mustafa Kemal ne derse o oluyordu. İşte bu bağlamda şunu çok iyi anlamak gerekir ki, Mustafa Kemal hayatında en büyük darbeyi İnönü'den; öldükten sonra da en büyük darbeyi Atatürkçülerden yiyecekti. Burada Atatürkçülerden de bahsedeceğim ama önce şu İnönü meselesini bitirilelim sayın okuyucu. Çünkü İnönü, Atatürk daha hayatta iken başlamıştı kendisini o makam mevkiye getiren Mustafa Kemal'e ihanet etmeye.

İnönü tüm bürokrasiye makam mevkiye kendi adamlarını yerleştirdi ve Mustafa Kemal'i de Çankaya Köşkü'ne adeta hapsetmişti, sözde devletin başı yaparak. Aslında bu dediklerim size biraz garip gelebilir ama gelmesin. Biliyorum belki sizde çoğu kişi gibi Mustafa Kemal'in hayatının sonuna kadar devleti tek elinde tuttuğunu zannedersiniz. Hâlbuki o zamanda dahi siyaset vardı ve siyasetin olduğu her yerde, dediğim gibi dostluk diye bir şey yoktur. Herkes o makamın kendisinde olmasını isterdi ki; Mustafa Kemal de, İnönü'nün eliyle bunu yaşayacaktı. Mustafa Kemal'in, İnönü ile çatışmaları son yıllarında alevlenmeye başlayacaktı. Hatta Mustafa Kemal ölmeden önce yanındakilere İnönü'nün değil; Fevzi Çakmak'ın başa geçmesini söylüyor, ardından ise İnönü'nün ne yaptığını soruyordu. En sonunda ne oldu dersiniz... Mustafa Kemal'e sahte bir gazete hazırlayıp İnönü'nün öldüğünü gösterdiler. Hatta bu yüzden Mustafa Kemal'in vasiyetine bakar iseniz, orada İnönü'nün çocuklarına burs bağlanmasını da istemekte. Peki, niye böyle ister sizce? Yaşayan bir adamın çocuklarına burs bağlanmasını ister mi? Tabi ki istemez. Öldüğünü düşündüğü için ister. İşte burada da Atatürk böyle bir oyuna getirilecekti. İnönü ise Atatürk'ün ölüm anını sabırla bekleyecek, Mustafa Kemal öldüğü an ise devlet onun olacaktı. Belki aklınıza "Yahu bu adam madem bu kadar güçlü, neden Atatürk'ü direk indirip hemen başa geçmedi?" diye bir soru gelebilir. İşte burada şunu açıkça söylemek gerekir ki, bunu asla yapamazdı. Çünkü Mustafa Kemal'in bir imajı vardı. Kurtuluş Savaşı'na liderlik etmiş biriydi ki bu imajı yıkmak işte bu yüzden kolay değildi. Unutmayın, o sadece Mustafa Kemal değildi. O, Kurtuluş Savaşı'nın lideri imajına sahip bir kimlikti. Onu indirmek demek, o imaja saldırmak demekti. İşte bu yüzden yapamazdı İnönü. Bu yüzden Mustafa Kemal'in ölmesini bekleyecekti. Ardından Mustafa Kemal sonrası için hazırlık yapacaktı ki, zaten yapmaya başlamıştı bile. Buraya dikkat edin. En belirgin ihanet işte tam da burada gelecekti.

Mustafa Kemal hasta yatağına düşmüştü. O sıralarda ise İnönü hemen cumhurbaşkanlığı adaylığını açıklamakla kalmamış; namaz kılıp, yalan konuşmadığından dolayı Mustafa Kemal'in en itimat ettiği kişilerin başında gelen Mareşal Fevzi Çakmak'ın aday olmaması, aday olması halinde ise saf dışı bırakılması için tüm milletvekilleri ve üst düzey bürokrasiye "Cumhurbaşkanı adayımız İsmet İnönü'dür!" yazılı telgraf çektirmişti. Lütfen bu az önce kurduğum cümleyi tekrar okuyun! Ben bekliyorum sizi...

Okuyup geldin değil mi sayın okuyucu? Devam edelim o halde. Amacı apaçık belliydi zaten. Ama burada önemli olan hem Mustafa Kemal'in en güvendiği adama, hem de yasını tutmaya zaman bile kalmadan Mustafa Kemal'e ihanet etmesiydi...

BİR BAŞKA İNÖNÜ

İnönü farklı biriydi. Bize tanıtıldığından daha başka biriydi. O yüzden gelin size onu, o Lozan Kahramanı Milli Şef İsmet İnönü'yü (!) bir de başkasının ağzından anlatayım. Bu kişi ne Kazım Karabekir, ne de Mareşal Fevzi Çakmak Paşa. Bir başka "Değer"in gözü ile anlatmak istiyorum...

İnönü'nün cumhurbaşkanlığı yaptığı yıllarda yaşamış olan, liseyi Türkiye'de birincilikle bitirip yükseköğrenim için Amerika'ya gitmiş olan, dünyanın "Türklerin Einstein'ı" olarak bildiği ve hayran kaldığı Profesör Doktor Oktay Sinanoğlu'nun ağzından...

Bir gün Oktay Sinanoğlu, İnönü'yü anlatırken şu ifadeleri kullanıyor: "Bizim tarihimizde yazılana göre Amerikan yandaşlığı Demokrat Parti'nin iktidara gelmesi ile başladı. Kesinlikle yalan, öyle değil! Amerikalıyı bu topraklara sokan İnönü'dür. Zaten Kurtuluş Savaşı başladığı sıralarda İsmet İnönü İstanbul'da durmuştur. Öyle kendi kendine gelip de Kurtuluş Savaşı'na katılması falan hep hikâyedir. O yıllarda Amerikan mandasına girelim de girelim diyenlerden biri de İnönü olmuştur." diyor ve sözlerine şöyle devam ediyordu (ki Oktay Sinanoğlu'nun bu dediklerini iyi anlamak gerek). İyi anlamak gerek diyorum. Çünkü bu sayede Milli Şef İnönü'nün(!) ne kadar milli olduğunu göreceksiniz. Unutmayın, Oktay Sinanoğlu Atatürk'ü ve aynı zamanda Abdülhamid'i çok seven biriydi. Ama buna rağmen İnönü'den nefret ederdi. Neyse biz devam edelim. Türklerin Einstein'ı Oktay Sinanoğlu sözüne devamla şunu diyordu: "II. Dünya Savaşı'ndan sonra Roosevelt ve Stalin, Yalta'da dünyayı paylaşırken, Türkiye'yi de Amerika'ya teslim ettiler gizli anlaşmalarla. Bunların hepsini kabul eden İnönü oldu. Birçok gizli ikili anlaşma oldu. 1945-46-47 yıllarında Amerikalılar geldi Türkiye'ye. Türkiye'nin başkenti Ankara'da, meclis binasının yanında büyük bir Amerikan karargâhı yapıldı. Ve içinde Amerikan askerleri vardı. Hatta sokaklarda geziyorlardı. Bununla da yetinmediler. Ardından bizim polislerimizin üniformaları değiştirildi. Hani şu Amerikan kovboy vs. filmlerinde şeflerin taktığı şerif yıldızı filan işte onlardan bile taktılar, bizim polisimizin göğsüne. O zamanlar ben daha küçüktüm, bir türlü anlam veremiyordum. Biz II. Dünya Harbi'ne girmemiştik ki, hiç savaşa girmeyen bir devlet savaşta kaybetmiş olamazdı. Üstüne bir de Kurtuluş Savaşı'na kahramanca göğüs germiş bir millettik. Böyle bir devletin başkenti Amerikalılar tarafından nasıl işgal edilebilirdi?" Evet, Oktay Sinanoğlu'nu bizzat yaşayıp kafasını karıştıran onlarca olaydan biri idi bu. Daha neler anlatmıştı neler... Yine onun bazı söylediklerini size kısaca anlatmaya devam edeceğim. Ama belki tanımıyor olanlar için kısaca Oktay Sinanoğlu'nu da anlatayım. Böylesi bir kişiliği hem tanımış olalım, hem de okuyacaklarımızın kimin ağzından çıktığını görelim.

Oktay Sinanoğlu'nun annesi gazeteci-yazar, babasıysa Türkiye'nin İtalya sorumlularından olan (ki II. Dünya Savaşı'nın başlaması ile Türkiye'ye gelmişlerdir) bir kişidir. Liseyi birincilikle bitirdikten sonra Amerika'da yükseköğrenimini tamamlayıp, 28 yaşında dünyanın "En Genç Profesörü" unvanını almıştır. Sonra Batı'nın ve Uzak Doğu'nun hayranlıkla gözlerini alamadığı, ardından bu hayranlıkları gizleyemeyerek "Türklerin Einstein'ı" dedikleri bir kişidir. Aslında çok değişik, bir o kadar da ilginç hayatı vardır. İsterseniz onun hayatı hakkında yazılmış kitaplar bulunmakta, onları okuyabilirsiniz. Bu yüzden bizim, onun hayatını anlatmak için çok da derine girmemize ihtiyaç yok. Zaten bu kadar anlatım ile anlamışsınızdır ki bu kadarı bile onu fazlasıyla anlatmakta. Ha şunu söyleyebilirsiniz "Neden bir fizik, bir matematik profesörü bunlarla ilgilendi, ne alaka?" diye... Aslında bir alaka yok. Ortada sadece bir vatan sevdası var. Nitekim sadece bir üniversitede öğretmenlik yapsa fazlasıyla maaşını alıp köşeye çekilebilirdi. Ama o "Vatan" dedi, vatan derdine düşüp oynanan oyunları ortaya çıkarmak amacıyla bu işlere girişti. İyi ki de girişti. Neyse biz devam edelim, O'nun ağzından bu olanları anlatmaya...

Ona, bunları nereden öğrendiği sorulunca, o bu sorulara şöyle cevap verecekti: "Ben bu anlaşmaların hepsini Amerikan Meclisi'nde duydum, dinledim. Amerikalılar çok cahil insanlardır siyaset ve devlet konusunda. Ülkesinde ne olup bittiğini bilmez. Neyse işte bu anlaşmaların hepsi orada konuşuldu. Hatta bir gün Türkiye'ye yardım yapılacaktı, formalite icabı. Amerikan Meclisi'nde tartışılıyordu bu. Ama bir ara oradaki senatörlerden biri hemen zıplayıp "Ne oluyor ya? Nedir bu? Türkiye'ye yardım yapa yapa kendimize bir şey kalmadı!" demeye başladı. Tabii yanındaki biraz uyanık, hemen "Sus" dedi ona ve devam etti: "Bunların hiçbiri yardım falan değil, o malzemelerin hepsi bizim. Biz istemeden hiçbir yere kullanamazlar. Biz istediğimiz de veririz, istediğimizde de alırız. Sen sesini çıkartma." Adamlar hem uyanık, hem de bu kadar yüzsüzdü, bu planlarını böylesine açık açık konuşacak kadar.

İşte sayın okuyucu, böyle bir şeydi o yıllarda yaşadıklarımız. Bize hiçbir zaman yardım etmediler. Sadece bize yardım ettiler, diye gösterildi. Bu sayede bizim yerli ve milli oluşumuzu dur-

durdular ve hep dışa bağlı bir şekilde yaşattılar. İşte bu yüzden bizim her şeyimizin yerli ve milli olması lazım. Bu bağlamda şu düşünceleri de bırakmalıyız: Hani ne bileyim o şunu yapmış, bu bunu yapmış. Bırakın bunları. Biz istesek inanın en iyisini yaparız. Topumuzu, tüfeğimizi, silahımızı biz yapmalıyız, kimseye el açmamalıyız. Bu ülkeyi İnönü Amerika'ya teslim etti. Bizler, sizler ise Amerika'dan geri alacağız ki yıllardır verilen savaş işte budur. Biz kendi uçağımızı dahi yapmıştık. Ama o uçakların projesi, sadece bir uçağın arızalanması sonucu (O kadar uçak içinde sadece bir tanesinin arızalanması normal bir şeydir) tehlike var denilip hepsi birden iptal edilecekti. Neyse... Biz bu konulara tekrar döneriz elbet ama şimdi İnönü-Atatürk meselesini bir bitirelim, bu olayı az daha anlatalım. Sonrasına elbette dönüp devam edeceğiz.

Bilirsiniz... Dedim ya... İnönü, daha Mustafa Kemal vefat etmeden cumhurbaşkanlığını ilan etmişti bile. Mustafa Kemal vefat ettiğinde ise birçok ülkenin devlet başkanları ve üst düzey temsilcilerinin cenaze törenine katılmasına rağmen, Atatürk'ün cenaze törenine katılmayan tek kişi vardı. O da İnönü idi. Mustafa Kemal öldükten sonra na'şı yıllarca Dolmabahçe'de bekletilmiş, paraların üzerinden devletin Kurucu Cumhurbaşkanı'nın resmi kaldırılmış, yerine kendi resmini koydurtmuştu. Bu da yetmemiş, ne kadar Atatürk büstü varsa hepsini depolara attırıp yerine kendi büstünü yaptırmıştı.

İnanın bu adam (!) Oktay Sinanoğlu'nun dediği gibi, hem bir devletin hem de Mustafa Kemal'in başına gelebilecek en büyük felaketlerden biriydi. İnanın açtığı felaketleri anlatayım desem zaman yetmez. Şimdi başlayayım diyorum ama hangi bir yaptığını anlatayım. Milli Piyango meselesini mi dersin, eğitimi felakete sokmasını mı, uçakları gömmesini mi, Kazım Karabekir Paşa ona Milli Mücadele'ye katılmasını teklif ettiğinde; onun da Kazım Karabekir Paşa'ya olumsuz cevap verdikten sonra: "Bu Milli Mücadele olmaz. Sen Kazım Ağa ol, ben de İsmet Ağa olayım." demesini mi? Aslında hepsine girmek gerek ve onu daha derin tanıyıp bir ülke kendi içinden adamlar ile nasıl tekrar kuşatılarak köle edilir görmek lazım. Misal eğitim meselesini ele alalım.

Dünyada Amerikan Milli Eğitim Sistemi kadar faydasız, zararlı bir sistem yoktur. Amerikan Eğitim Sistemi'nin faydasız olduğunu kim söylüyor, derseniz, Türkiye'de okuyup ardından Amerika'ya gitmek zorunda olan Oktay Sinanoğlu söylüyor ki kendisi bizim eğitimimizin ilk başlarda gerçekten sağlam bir temele oturduğunu, lakin İnönü zamanında ise belirli anlaşmalarla bizim eğitim sistemimizin değiştirilip Amerikan eğitim sisteminin bize getirilmesiyle altüst olduğunu anlatır. Kendisi Amerikan eğitim sisteminde büyümüş biri değildir. Ve kendisi Amerikan Eğitim Sistemi Türkiye'ye gelmeden önce, Türk Eğitim Sistemi ile büyümüş biriydi. Bu sistemi (Amerikan Milli Eğitim Sistemi) bizim ülkemizde, İnönü imzaladığı gizli anlaşmalarla uygulatmıştır. Hani eğitim sistemimizin berbatlığından hatta ve hatta düzeltilmemesinden yakınır ya halkımız, evet haklılardır. Fakat bu 20, 30 yıllık mesele değildir. Bu sistemi aslında hiçbir hükümet düzeltemedi. Zaten düzeltemez de. Çünkü İnönü bizim eğitim sistemimizi yaptığı "Fulbright Anlaşması" ile Amerikalılara teslim etmiştir. Ha zannetmeyin ki artık hiç düzelmez. Tabii ki düzelir ama bunun için gerçekten çok köklü bir sistem gerekir. Bunun ne olduğunu sorarsanız... İnanın ben de bilmiyorum sayın okuyucu. Çünkü çok sefer değiştirdiler. Ama her seferinde bir eksik çıkıyor. İşte böylesine bozdular sistemi. Ama "Nasıl bir eğitim sistemi istiyoruz?" derseniz, tıpkı Osmanlı'daki bazı okullarda olan, o tabelanın yazıldığı gibi bir eğitim sistemi! Hani ne yazıyordu o tabelalarda: "Burada hiçbir balık uçmaya, hiçbir kuş yüzmeye zorlanmaz." Ama ne yazık ki şu anki eğitim sisteminde balıklar uçmaya, kuşlar yüzmeye zorlanıyor. Anne babalar da bunların doğru olduğunu düşünerek, böyle hareket ediyorlar. Lakin şunu bilmeleri lazım. Kuşlar uçtuğunda, balıklar yüzdüğünde daha başarılı bir nesil gelecek. Yani ne zaman ki bir çocuğa kendi sevdiği mesleği yapması için yol verilir ise; işte o vakit hem o çocuk, hem de o ülke başarıyla ilerleyecektir. Ne ise biz konuya dönelim... Olayı anlatan yine Türklerin Einstein'ı Oktay Sinanoğlu'dur: "Eğitim, 1949 yılında Fulbright Antlaşması ile Amerikalı uzmanlara bırakıldı. Artık Türkiye'de okutulacak dersleri Amerikalı uzmanlar belirleyecekti. Ama bu da yetmedi. Ardından iki yüz elli kelimeden oluşan İngilizce zorunlu oldu, eğitim dili İngilizce oldu. Lise sıralarına kadar inen İngilizce, müfredatı da etkiledi ve bu 90'lı yıllara kadar birçok üniversitemizde Amerika'nın karanlık odalarında yazılmış olan kitaplar, resmen ders kitabı olarak okutuldu." Gerçekten Oktay Sinanoğlu bu konuda hem bilgiliydi ama her şeyden öte de tecrübeliydi. Bunları yaşayarak öğrenmişti. Hatta derdi ki: "Amerikalıların ciğerini bilirim ben." Sonra bir gün bunu söylediğinde, biraz da belki onunla dalga geçmek için "Neymiş bu Amerikalıların ciğeri?" diye sorulunca, Oktay Sinanoğlu gülerek "Ne olacak bunlar ciğersiz, ciğersiz!" diye cevap verecekti.

Tabii bu kitap ile yetinmeyin. Oktay Sinanoğlu'nun diğer kitaplarını da okuyun. Çünkü orada çok güzel sözler de söyler. Hele eğitim sistemi hakkında çok derin tespitleri vardır. Hatta bir gün onu dinlerken şu sözü söylemişti: "Bizdeki Milli Eğitim ne millidir, ne de eğitimdir." demişti. Aslında yıllardır yaşadığımızı tek bir satırda özetliyordu Türklerin Einstein'ı.

KIZMASINLAR DİYE UÇAK GÖMDÜK

Yok yok, konudan konuya geçmiyorum. Yine İnönü'nün yaptığı bir şeyi anlatacağım size. İlk başlarda bahsettiğim konudan, gömülen uçaklardan ve yazılmamış perde arkasındaki gerçeklerden bahsediyorum. Evet, bu uçaklar şu an Kayseri'deki eski havaalanında gömülü. Neden gömülü, derseniz... Öncelikle konuya en baştan başlayayım. Bu uçaklar, yani asıl adı olan FW-190 Tipi Savaş Uçakları... ABD'nin dayatmasıyla ortadan kaldırılıp, 70 yıldır da saklanmaktaydı. Aslında her şey bir anda oldu. 1947'de ABD'nin Türkiye'ye yardım planı ile bu uçaklar ne olduysa oldu, bir anda ortadan kayboldu ve envanterlerden silindi. Toplam 72 tane vardı. Şu anda ise 50 tanesinin Kayseri'de gömülü olduğu ortaya çıktı. İlk başta metal dedektör testleri ile yapılan hareket bu uçakları ortaya çıkardı. Bu uçakların önemine gelince... Bu uçakların en büyük önemi yerlilik açısından, ayrı bir yer tutuyor olmasıydı. Nasıl mı?

I. Dünya Savaşı ile başlayan Türk-Alman Birliği, ileriki dönemlerde de devam edecekti. Nitekim Türkiye'de TOMTAŞ kurularak, uçaklar işbirliği ile Türkiye'mizde üretiliyordu. Ve ortak üretimin devamı amacıyla 1941'de Alman Büyükelçisi eski Şansölyenin de gayretleri sonucu bir ticaret anlaşması imzalandı. Bu antlaşma gereği Türkiye, Almanya'ya demir ve krom cevheri sattı. Karşılığında da 72 adet FW-190 Tipi Savaş Uçağı aldı. Parçalarının önemli kısmı Anadolu'daki tesislerde üretilen uçaklar, 1943'te Türkiye'ye getirildi. İlk uçuşunu 10 Temmuz 1943'te yapan bu uçaklar 5 farklı ile dağıtıldı. 50 uçak ise Kayseri'ye gitti. Lakin Türk-Alman yapımı bu savaş uçaklarının kaderi 1947'de son buldu. İşte asıl mesele burada başlıyor. Neden son buldu noktasında... Olay ise aynen şöyle gerçekleşiyor:

ABD, II. Dünya Savaşı'nın ardından elinde kalan binlerce uçağı müttefiklerine dağıtmak üzere çalışma başlattı. Ankara ile uzun süren görüşmeler gerçekleşti. Nihayetinde ABD yetkilileri ile 1947'de bir anlaşmaya imza atıldı. Anlaşma gereği Türk ordusunun envanterinde ki tüm uçaklar imha edilecekti ki o tarihten sonra bu uçaklar hiç görülmedi. Konuyu 25 yıla yakın süredir araştıran, Hasdal Kışlası'na da adını veren komutanın torunu Uluhan Hasdal "ABD kendi uçağını ücretsiz vermek istedi, ancak bir şartı vardı. Almanlar ile yapılan ortak üretim uçaklar yok edilecekti. Nitekim antlaşmalar sonucu uçaklarının yok edilmesi için bu 50'ye yakın uçak Kayseri Havalimanı'na getirilecek ve ardından envanter dışı bırakılacaktı." diye anlatıyor.

Buraya kadar olayı anladınız, biliyorum ve sizin aklınıza burada bir sorunun takıldığını da tahmin edebiliyorum. Aklınıza büyük ihtimalle "Madem bu Amerika uçak verecekti, o zaman diğer uçakların yok edilmesi şartını koşmasının anlamı ne?" Öncelikle bu uçaklar zamanın en iyi savaş ve savunma uçağıydı. İlk olarak Eylül 1941'de, Kuzeybatı Fransa üzerinde görüldü ve kısa sürede çağın en iyi savaş uçağı olan Spitfire MK'ye karşı üstünlüğünü ispatladı. İşte böyle bir uçaktı bunlar. Bu yüzden Amerika bu uçakların Türkiye gibi bir ülkenin elinde olmasını istemiyordu. "Hadi Amerika düşman olduğu için haklı olarak istemiyordu, bu İnönü niye kabul etti ulan!" diye sinirlenmeyin. Çünkü İnönü'nün karşısındaki Amerika'ydı. Ha şimdi de "Amerika kim lan!" diyebilirsiniz. Bende öyle diyorum "Amerika kim lan!" Ama İnönü idi bu. Tamam, Amerika gerçekten o vakit süper bir güçtü ve karşısında doğru hamleler yapmak gerekirdi. Ama direkt "Tamam efendim, olur efendim" deyip, el pençe durmak da yanlıştı. Elindeki o gücü kullanmak lazımdı. Ama İnönü Amerika'yla restleşmek istemedi. Kendince doğru yaptığını düşündü ama aslında… Neyse... Ya da neyse demeyeceğim. Açıkça söyleyeceğim sayın okuyucu. Öncelikle Mustafa Kemal'i kimi sever, kimi sevmez ama gerçekten Kurtuluş Savaşı'na inanarak savaşa geliyor. Savaşa gönderildiğinde kaybetme riski de çok büyük, ama İsmet İnönü ilk başlarda böyle değil. İnönü dâhil olmak istemiyor. Hatta Kazım Karabekir Paşa, İnönü'yü savaşa götürmek istediğinde ki o zamanlar yakın arkadaştılar, İnönü bunun bir hayal olduğunu, bu doğrultuda savaşa gitmenin anlamsız olacağını söylüyor. Hatta Kazım Karabekir Paşa'ya "Gel istersen bir çiftlik kuralım. Ben İsmet Ağa olayım, sende Kazım Ağa ol. Hayatımıza devam edelim." diye söylüyor. Bunu da Kazım Karabekir Paşa hatıralarında anlatıyor. İşte, İnönü böyle bir kişilik. Ha konuya daha da girelim diyorum ama zaten çok da net bir dönem değil. Ne yazarsak yazalım, elbet insanların aklında bir "Acaba?" sorusu hep kalacak. Çünkü çok karışık bir dönem. O dönemi iyi anlamak için, gerçekten çok okumak gerek. Biz anlatabildiğimiz kadarıyla hem o dönemi, hem de Atatürk-İnönü dönemini açıklığa kavuşturmaya çalıştık. Gerisi size kalıyor. O dönemi anlatan hatıratları okuyun ama nefret tarihçiliğinden uzak bir şekilde yazılmış olan kitapları okuyun. Birine saldırı yapmak için değil, gerçekleri öğrenmek için okuyun.

ATATÜRK'E BELA OLMUŞ ATATÜRKÇÜLER

Atatürkçülük sayın okuyucu, Atatürkçülük... Bu millet ne çektiyse Atatürkçü geçinenlerden çekti. Eğer bunlar olmasaydı Mustafa Kemal; günahıyla, sevabıyla, hatasıyla, doğrusuyla bu millete hizmet etmeye çalışan bir Osmanlı Paşası olarak tarihteki yerini alacak ve bir tarihi karakter olarak kalacaktı. Ama gel gör ki, 90 sene geçmesine rağmen hâlâ Mustafa Kemal tartışılıyor. Genç nesillere ise, bu tartışmalar içinde vakit kaybettiriliyor. Bu tartışmalar yüzünden birbirine bilenmiş 2 ideoloji, 2 nefret tarihçiliği, 2 karşı genç kesim oluştu ülkede. Bu kesim, bu millete nefret tarihçiliği yaptırdı. Ve öyle dereceye geldiler ki... Kemalizm diye bir din uydurdular ve bu dinin Tanrı'sını da Atatürk ilan ettiler. Ne yazık ki bunlar, dönem dönem olmuş şeylerdir. Bazen liderlerimizi çok yüceltiriz. Hâlbuki onu övmek ayrıdır, ilah konumuna koymak, günahsız konumuna koymak apayrıdır. Bunu bilemeyiz. Ve ne yazık ki bunu iki taraf da yapar. Hâlbuki bu, millete aykırı olan bir şeydir. Yani anlayacağınız bu Atatürkçü geçinip, Atatürk'ü kullanan zihniyet ne yazık ki bu milletin başına bela olmuş bir zihniyettir. Çünkü bunlar gerçekten Atatürkçü de değildir.

Atatürk'e biri laf ettiği zaman, onu belgeleriyle savunamazlar, hemen ardından onlar da ona hakaret ederler. Misal, annesine karşı (çok affedersiniz) bir genelev kadını gibi uydurulmuş belge öne sürüldüğünde (ki başı kapalı ve dindar bir kadına bu yaftayı yapıştırmak gerçekten aşırı bir edepsizliktir) Atatürkçü geçinenler bu belgenin sahteliğini ortaya koyamaz. Hâlbuki bu söylenilen belgenin aslı yoktur ve sonradan yazıldığına dair kanıtlar vardır. Bunu bilmezler, öne süremezler. O belgedeki ifadelerde geçen kelimelerin, o dönemde kullanılan kelimeler olmayıp, o zamanın mahkemesinin o kelimeleri kullanmayıp, o kelimelerin çok sonra ortaya çıktığı, işte bu sebeple dahi ucuz bir uydurma belge olduğunu ortaya koyamazlar. Onlar sadece bu işten ekmek yerler. İşte bunlar Atatürk'ün başına bela olmuş Atatürkçülerdir. Ama artık bu Atatürkçü geçinenlere dur demek için harekete geçip, bu ayrışmayı durdurmamız gerekiyor. Hem Atatürkçü geçinenleri durduracağız, hem de Atatürk'e gözü kapalı sövenleri durduracağız ki, bu millet tekrardan ayrışmayı bıraksın. Bunu da bir liderin yapması lazım, herkesi birleştirecek bir lider. Ayrıca bu tartışmaları yaparken her şeyi açık bir şekilde konuşmamız gerekir.

Mesela, Mustafa Kemal'in bazı düşüncelerini biliyorsunuzdur. Yani dine karşı gösterdiği bazı fikirler. "Bu bağlamda Mustafa Kemal'in inancı ile ilgili bir şey söyleyebilir miyiz ve ayrıca onun cenaze namazı kılındı mı?" gibi sorulara da cevap vermek lazım. Çünkü bu sorulara net cevap vermesek de, bazen bir şeylerin söylenmesi gerekir. Ha burada biz kimsenin inancını sorgulayamayız, o ayrı mesele. Evet, bazı yanlış sözleri var lakin İslam'da şu da var; eğer bir kişi "Ben Müslümanım" diyorsa, kelime-i şehadet getiriyorsa ve belirli konularda hassasiyetlere dikkat ediyorsa, bizim o kişiye kâfirdir dememiz bizim imanımızın zarar görmesine neden olur. Aynı zamanda açık bir şekilde ben kâfirim, diyerek ölen bir kişi değilse, ölmüş bir kişinin ardından da önceki söylediklerine bakarak o Müslümandı ya da değildi diyemeyiz. Çünkü son anında ne olduğunu bilemeyiz. Bu doğrultuda nice yanlış ifadelerde kullansa, bir kişi son anında kâfir olarak gittiği açıkça beyan değilse, o kişiye kâfir diyemezsiniz. Aynı zamanda bir kişinin iç dünyasını da bilmediğiniz, aynı zamanda son anında ne diyeceğini, ne dediğini ve ne duruma geldiğini göremeyeceğiniz için o kişi hakkında bir fetva veremezsiniz. Vermeye kalkışırsanız sizin imanınız sorgulanır. Nitekim Hazreti Peygamber (sav) bu konu hakkında şöyle buyuruyor: "Herhangi bir kimse, din kardeşine 'Ey kafir!'derse, bu tekfir sebebiyle ikisinden biri muhakkak küfre döner. Eğer o kimse dediği gibi ise ne ala. Aksi takdirde sözü kendi aleyhine döner."

Cenaze namazına gelince. Görünen ya da gösterilmek istenen resmi kaynaklara göre Mustafa Kemal'in cenaze törenine birçok devlet adamının katıldığı, görkemli bir cenaze merasimi tertip edildiği ve burada herhangi bir cenaze namazının kılınmadığı belirtiliyor. Lakin olayların perde arkası çok daha farklı. Bu yüzden size olayı en baştan anlatayım.

O gün geldiğinde, cenazenin Dolmabahçe Sarayı'ndan Ankara'ya nakil günü iyice yaklaşıyordu. Tam da o sıralarda Ankara'dan "Dini merasim katiyen yapılamayacak!" diye bir talimat gelmişti. Bu talimatı kimse görmedi. Çünkü görülsün istenmiyordu, çünkü bu milletin ruhuna aykırı bir durumdu yapacakları ve yapmak istemedikleri. Fakat Dolmabahçe'de hemen hemen herkesin dilinde idi bu emir. Neyse, vakit gelmişti ve 19 Kasım sabahı naaş Ankara'ya nakledilmek için alınacaktı. İşte tam bu sırada durumdan haberdar olan Mustafa Kemal'in kız kardeşi Makbule Hanım, hemen tabutun başına giderek avaz avaz bağırmaya başladı: "Cenaze namazı kılınmadan Mustafa'mı hiç bir yere göndermem! Mustafa'mın cenaze namazı kılınacak, yoksa hiçbir yere göndermem." diye diye hem bağırıyor hem de tekrar ediyordu. İşte Mustafa Kemal'in kız kardeşi böyle biriydi ve böylesine bir hassasiyete sahipti. Hem o öyleydi hem de onun annesi Zübeyde Hanım. Vakit kalırsa Zübeyde Hanım'ın vefatından sonrası için ayırdığı paraların hangi hayır hasenatlarda kullanıldığını da anlatacağım.

Neyse biz devam edelim. Makbule Hanım ortalığı birbirine katmıştı. Kimseyi dinlemiyor, kendisini sakinleştirmeye çalışanlara ise namazı kılınmadan burayı terk etmeyeceğini bağırıyordu. Makbule Hanım'ın bu tavırları karşısında çaresiz kalan oradaki görevliler ne yapacaklarını sormak için Ankara'yı aradılar. Tabii hemen cevap gelmedi, Ankara biraz bekletti oradakileri. Aradan yarım saat geçince yeni bir talimat geldi. "Gözlerden uzak bir şekilde, mümkün olduğu kadar az bir cemaatle dışarıya da hiçbir şey aksettirilmeden kılınsın ve katiyen fotoğraf çektirilmesin, namaz kılındığı protokol kayıtlarına da aksettirilmesin." deniyordu. Tabii Makbule Hanım'ın namazın camilerden birinde kılınması yolunda ısrar edebileceğini de düşünmüşlerdi. Böyle bir durum meydana gelirse bu sefer ikinci talimatın sıkıntıya düşeceği, maazallah halkın duyacağı ya da olurda fotoğraf karesi alınacağı hesaba katılarak dönemin kukla Diyanet İşleri Reisi Rıfat Efendi'den yani Rıfat Börekçi'den, namazın sarayda kılınabileceği konusunda fetva da alınmıştı. Cemaat takriben on-on bir kişiden oluşmuştu. İmamete ise Rıfat Börekçi'den 4 sene sonra Diyanet İşleri Reisi olacak olan diğer bir kukla Şerafettin Efendi yani Şerafettin Yaltkaya geçmişti.

E tabii, o senelerde Arapça ezan ve tekbir yasak olduğu için kimse ne yapacağını tam olarak kestirememişti. Namazın Arapça kılınması halinde devletin, Türkçe kılınması durumunda ise Makbule Hanım'ın hışmına uğranılması an meselesiydi. Makbule Hanım her an yeniden doğru dürüst bir namazın kılınmasını isteyebilir, devlet ise ne yapıyorsunuz siz, diyebilirdi.

Neyse, oradaki cemaat bunu düşünürken Şerafettin Yaltkaya imamlığa geçmişti. Diğerleri de arkasında saf tutmuş, imamın ne yapacağını bekliyordu. Ne de olsa Arapça mı, yoksa Türkçe mi kılınacağına karar verecek olan Şerafettin Yaltkaya idi. Derken tekbir "Tanrı uludur!" diye Türkçe getirildi ve namaza başlandı. Şerafettin Efendi diğer 3 tekbiri de Türkçe getirdi. Sonra sıra "Esselamu aleyküm ve rahmetullah" diye selama gelmişti ki; Şerafettin Efendi her iki selamı da "Esenlik üzerine olsun." diye yine Türkçe verdi. Makbule Hanım ise ağabeyini kaybetmiş olmanın acısı ile olacak, namazın Türkçe kılınmasına hiç ses çıkarmamış, salonun bir köşesine geçip ağlayarak dualar etmişti ağabeyi için.

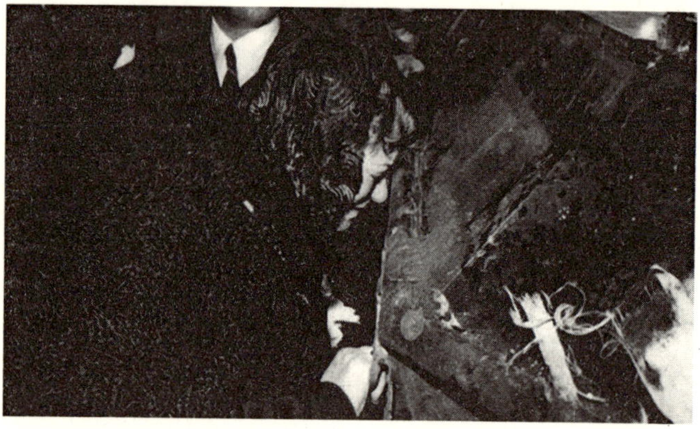

İşte böyleydi Mustafa Kemal'in cenaze namazı, ders çıkarmalıktı. İnsan kendisine soruyor: Şimdi namazın Türkçe olmasına mı yanarsın, yoksa Makbule Hanım'ın dini hassasiyetlerinden taviz vermemek için çaba gösterirken, Atatürkçülük numarasına yatan o büyük kitlenin şimdiki haline mi yanarsın? Yahut %100'e yakını Müslüman olan koskoca Türkiye Cumhuriyeti Devleti'nin kudretli Diyanet İşleri reisinin verdiği fetvalara mı yanarsın? Siz karar verin...

ATATÜRK VE HİLÂFET

Elbet bunlar yazıldığında kimileriniz Atatürk'ün kişiliği hakkında sorgu yapmak ister. Öncelikle burada amacım ne bir kişiyi yerin dibine batırmak, ne de göklere çıkarmak. Ama âcizane tavsiyem kişilere bakmayın. Kişileri değil, fikirleri tartışın her zaman. Unutmayın, kişilerle küçük insanlar uğraşır; büyük insanlar her zaman fikirlerle uğraşır. Kişinin günahından haberiniz olabilir ama tövbesinden habersiz kalmış olabilirsiniz. Dediğim gibi âcizane tavsiyem kişilerle, şahsiyetlerle uğraşıp küçük insanlar olacağınıza; fikirlerle davalarla uğraşıp büyük insanlar olun.

İkinci bir mesele daha var ki hilafet. Atatürk devrinde hilafet kaldırılıyor. Kaldırılıyor evet, ama bir düşünelim kaldırılmadan önce hilafet gerçekten bizde bir etki yaratıyor mu idi... Bunun için gelin hemen konuyu biraz dağıtmak hem de bu konuyu tam manası ile anlamak için Yavuz dönemine gidelim. O vakit daha net anlayacağınızı umuyorum...

Yavuz Sultan Selim Han Trabzon'da valilik yaparken Safeviler'in özellikle Doğu Anadolu'da Şiiliği yaymaya ve İpek Yolu'na hâkim olma hamlelerini fark etmiş, bunu da defalarca babası II. Beyazıt'a söylemesine rağmen ciddi önlemlerin alınmadığını görünce, henüz sağlığında babasını tahttan indirerek yerine kendisi geçmişti. İdris-i Bitlisî'nin Heşt Behişt (Sekiz Cennet) adlı eserini de okuyarak doğunun siyasetini ve yapısını iyice kavrayan Yavuz, Safeviler'e doğru sefere çıkmıştı. O andan itibaren artık hiçbir güç onun karşısında duramayacaktı. 1514 yılında Çaldıran'da Safeviler'e karşı yaptığı savaşı kazanınca, oradaki toprakları kısmî olarak Şiilik tehlikesinden kurtarmıştı, ama yeterli değildi. Çünkü Şah İsmail o topraklarda uzun zamandır Şiilik politikaları uyguluyordu. Bu da halka büyük oranda sirayet etmişti. Orası ancak Osmanlı'yı yüzyıllarca ayakta tutan İskân Siyaseti (kendi halkından kişiler yerleştirme) ile ıslah olabilirdi ki, henüz vakit vardı bu siyasetin uygulanmasına.

Oradan sonra Dulkadiroğulları'nın topraklarını da içine katan Yavuz, Anadolu'daki Türk-Siyasi Birliği'ni sağlamıştı.

Yavuz'un bu durdurulmaz gücü karşısında Dulkadiroğulları'nı destekleyen Memlükler savaşın kaçınılmaz olduğunu görünce hemen Şii Safeviler'le işbirliği yapmaya koşmuştu. Bu durumdan en zararlı çıkacak olan ise şüphesiz ki Şii Safeviler'le işbirliği yapmayı kendine layık gören "Memlük Halifesi" olacaktı. Bakın tam burada söylediğim ifade çok önemli. Halife değildi onlar. Onlar "Memlük Halifesi" idi. Çünkü halifelik öyle zannedildiği gibi Yavuz'un bize getirdiği bir şey değildir. Halifelik aslında güç demektir ki biz bunu Fatih'ten önce bile kullanırdık. Nitekim Halife olan, güçlü olan demektir. Memlükler'de o güç yoktu.

Neyse işte, Memlük halifesinin bu hamlesi bardağı taşıran son damla olacaktı ve Yavuz'un Memlükler'i yok etmesi için ilk kıvılcım burada oluşacaktı. 1516'lı yıllarda Memlükler'le yaptığı Mercidabık Savaşı'ndan başarı ile çıkan Yavuz, Memlük halifesini esir alarak İstanbul'a gönderecekti. Aldığı bu yenilginin ardından perişan olan Memlük ordusu arkasına bile bakmadan kurulduğu yer olan Mısır'a doğru kaçmaya başlamış, Yavuz ise onların peşine düşmüştü. Onlar kaçıyor, Yavuz Sultan Selim ise Filistin dâhil olmak üzere güzergâhındaki toprakları bir bir önüne katarak gidiyordu.

Şimdi burada durup bir düşünmek lazım. Halife kim? "Halife" adını kullanan Memlüklüler mi, yoksa asıl güç sahibi olan Yavuz mu? (?) Bu soru işareti burada kalsın. Ne ise konuya devam edelim.

Yavuz kovalıyor, Memlükler kaçıyordu lakin şimdi büyük bir sınav zamanıydı. Osmanlı'nın karşısına ilk defa gerçek manada bir çöl çıkmıştı. Bu Sahra Çölü idi. Zordu, hem de çok zordu geçmesi. Çoğu kişi imkânsız görüyordu. Evet, belki o Sahra Çölü olabilirdi, ama Osmanlı'nın lideri ise Yavuz Sultan Selim HAN idi. Bir kere kafasına koymuştu Yavuz bunu. O çöl geçilecek ve Şiilerle işbirliği yapan Memlükler yıkılacak, halifelik iddiasında bulunanlara asıl halife kim gösterilecekti. Ucu bucağı, yönü tarifi olmayan çöle girilmişti. Yavuz için geri dönmek yoktu artık. Lakin çok geçmeden, daha ilk gecenin sabahında askerler homurdanmaya başlamıştı. Aslında haklı da sayılırlardı kendilerince. Hem çölün gündüz ki cehennem sıcağını görmüşler, hem de gecenin dondurucu soğuğunu. Üstüne üstelik bir de gündüz toprağın derinliklerinde saklanıp, geceleri ise zifiri karanlıkta avlanmaya çıkan o yırtıcı hayvanlar vardı. Çölde pusulalarının manyetik özelliklerini kaybederek yönlerini şaşırmaları da cabasıydı ki Allah'tan yanlarında Piri Reis vardı da, çok geçmeden doğru yönü bulabildiler. Bu durum karşısında rahatsız olan askerler Yavuz'un yanına gidip de bunları söylemeye cesaret edemediklerinden dolayı isyanlarını, kılıçlarını kalkanlarına vurarak belli etmeye çalışıyorlardı ama nafile. Yavuz önde, askerler arkasında böyle ilerlerken bir anda, güneşin o sıcağında Yavuz atından inerek o kızgın çölde, kumların üzerinde yürümeye başlamıştı. Koskoca padişahın (Hele ki bu padişah Yavuz ise) atından indiğini gören ordu durabilir miydi atın üstünde hiç? Hemen ordu da inmişti atın üstünden. Sahra Çölü'nü geçmeye çalışmak bile zor gelirken askerlere, bir de yürüyerek geçmek çıkmıştı başlarına. Homurdanmalar artmaya, kılıçlardan daha fazla ses çıkmaya başlamıştı. Mevcut durumdan birinin Yavuz'u haberdar etmesi lazımdı. Bu işi tek yapabilecek olan kişi ise Yavuz'un dostu Hasan Can'dı. Hasan Can vaziyeti anlatmak için yavaşça padişaha doğru ilerlemeye başlamış, Yavuz da onun geldiğini sezmişti. Tam Hasan Can durumu Yavuz'a izah edecekken, hemen susturdu Yavuz onu. "Sakın bir şey söyleme. Önümüzde Peygamber Efendimiz (sav) bize yol gösteriyor. Orduya söyleyin, kılıçlarını kınlarına soksunlar, ses yapmasınlar." deyince Yavuz, Hasan Can da öylece kalakalmıştı olduğu yerde. Aradan çok geçmeden ise Yavuz'un dediklerini Hasan Can orduya aktaracaktı.

Tam buraya gelmişken sayın okuyucu, bir parantez açarak bu olaya uydurma diyen kişilere cevap olması niteliğinde şunu da eklemek istiyorum. Öncelikle olayı, size Piri Reis ve İdris-i Bitlisî'nin hatıralarından anlatmaya çalışayım. Hatıratta aynen şu yazıyor:

"O (Yavuz Sultan Selim Han,) ilerlerken yolu kısaltmak yerine sanki bir iz üzerindeymiş gibi kızgın çöl üzerinde yalpalayarak yürüyordu ve Ridaniye'ye varıncaya kadar O'nu bir bulut koruyarak takip etti." Aslında bu yazılan, bu soruya ve o iddialara verilmiş en net cevap olsa gerek. Bunu da aktardıktan sonra konuya geri dönelim.

Daha sonrasında ise geçilmez denilen Sahra Çölü'nü 12 gün gibi kısa bir sürede, koca ordusuyla aşmıştı Yavuz. Ridaniye'deki zaferini ilan ettikten sonra Memlükler'e son vermiş, Memlükler'in kendilerinde olduğunu iddia ettiği halifelik makamını da ortadan kaldırarak, tam anlamıyla Osmanlı'ya getirmişti. İşte buradaki mesele önemli. Memlükler halifeyiz diyordu, ama Yavuz'un karşında duramadılar. Zaten Yavuz sefere neden çıktı derseniz. Bunun cevabı da sadece kendi topraklarına zarar veriyor olmaları değil, aynı zamanda Memlükler'in kutsal toprakları koruyabilecek güçlerinin olmamasıdır. Nitekim Osmanlı'nın son yıllarında da ne yazık ki bu gücü kaybetmeye başladık. Belki bunu etkin bir şekilde kullanabilen, hatta şöyle söyleyeyim kullanmaya çalışan bir Sultan Abdülhamid Han olmuştur. Ondan sonra zaten bu güç gittikçe isyanlar ile erimiştir. Ne ise hilafet derken bu sebeple Yavuz'u da bir nebze anlatmış olduk. Umarım bu konu hakkında net bir bilgiyi öyle böyle sunmaya çalışmışımdır. Bu arada şunu da ekleyeyim. Hani biz nasıl körü körüne Atatürkçülük yapanlara karşı isek aynı zamanda körü körüne "Abdülhamidci" rolüne bürünenlere de karşıyız. Tek sorgulanmayan Hz. Peygamber'dir. Diğer türlü herkesi böyle sorgulamanız gerekir. Ama tarihinizi de doğru bilmeniz, her şeyden öte ideolojik saplantılardan uzak bir şekilde hareket ederek bilmeniz gerekir. Yani çıkıp da Cumhuriyet sonrasını tümden kötülemek ya da bazıları gibi tarihimizi Cumhuriyet ile başlatmak, olsa olsa bilgisizlik seviyesinin zuhur etmiş halidir. Öyle bizim geçmişimiz bazılarının anlattıkları gibi Cumhuriyet'in kurulmasından sonra başlamamıştır. En azından 2000 yıllık bir tarihimiz, 1400 yıllık güçlü bir Türk-İslam Medeniyeti'miz ve bağlarımız var ki, bunlar çok kuvvetli bir "Millet-i İbrahim" birliğini var etmiştir. Bunu söyledim diye de Türklüğümü köşeye atıyor değilim. Elbet Türk'üz. Ama Millet-i İbrahim başka bir şeydir. O Araplık, Kürtlük, Türklük ya da başka bir şey değildir. Bu belki biraz klasik olacak ama büyük bir ailedir. İslam Milleti, Yahudi Milleti ve

Hristiyan Milleti gibi. Dedim ya bizim bayrağımız kuvvetli ve geniştir diye. İşte bu doğrultuda dünyada ne kadar Müslüman varsa, biz bunların hepsi ile birer milletiz. Fark ettiyseniz Osmanlı'da sınıflandırma yapılırken Türk, Kürt, Arap, Laz diye ayrılmazdı. Osmanlı, bağlarını geniş tutar ve İslam Milleti, Yahudi Milleti, Hristiyan Milleti olarak sınıflandırırdı halkını. Türk Fatih Sultan Mehmet Han, ne kadar bizim milletimizden ise Kürt Selahattin Eyyubi de o kadar bizim milletimizdendir. Bediüzzaman Said Kürdî, Arnavut Mehmet Akif Ersoy, Kafkas Şeyh Şamil ne kadar milleti İbrahim ise; Enver Paşa da o derece milleti İbrahim'dir. Nitekim Peygamber Efendimiz (sav) Veda Hutbesi'nde bize iki şey miras bırakmıştı: Kuran'ı Kerim ve kendisinin Sünnet-i Seniyye'si. Bunların yanında bizlere vurguladığı önemli unsurlardan biri de şudur ki "Ey insanlar! Rabbiniz birdir, babanız da birdir. Hepiniz Âdem'in çocuklarısınız, Âdem ise topraktandır. Arabın, Arap olmayana; Arap olmayanın da, Arap üzerine üstünü olmadığı gibi, kırmızı tenlinin siyah tenli üzerine; siyahın da kırmızı tenli üzerine bir üstünlüğü yoktur. Üstünlük ancak takvadadır. Allah'tan korkmaktadır. Allah yanında en kıymetli olanınız O'ndan en çok korkanınızdır."

İşte bu doğrultuda ana eksenimizin milleti İbrahim olması lazım. Davamız sadece Türklük, sadece Kürtlük, sadece Araplık değil, Ümmet-i Muhammed olması lazım. Nitekim tarih bu örneklerle doludur. Türklük, Kürtlük, Araplık, filanlık davasına düşenler olmakla beraber en çok da ümmet davasına düşenler ile doludur.

"ÜMMET DAVASI"NIN ADAMI: SELAHADDİN

Hatta konusu geçmişken onu da anlatayım. Evet, o adamı, Selahaddin Eyyubi'yi. Gerçekten büyük bir komutandı. Öyle büyük bir komutandı ki kendisini, düşmanları dostlarından daha iyi tanırdı. İşte öyle bir komutan. Evet... İslam dünyasında meşhurdur Selahaddin Eyyubi. Lakin Hristiyan ve Yahudiler arasındaki en meşhur liderler arasında da, aynı zamanda Selahaddin Eyyubi vardır. Öyle ki İstanbul'un Fatih'i Sultan Mehmet Han'dan daha iyi tanırlar onu. Tabii bu büyük 2 komutanı karşılaştırmak bizim haddimiz değildir. Her ikisinin de kendi meziyetleri açısından büyüklükleri tartışılmaz. Nitekim Fatih'in korkusundan titreyen Avrupa, çareyi yüzlerce kez denediği ve sonunda başardığı zehirlemekte bulurken, Selahaddin Eyyubi'nin düşmanları da rahat uyumuş değildi. Hani demiştik ya bizim eğitim sistemimizin durumunu. Şu anki müfredatta çok yer verilmez Zengiler'e Eyyübiler'e ve Memlükler'e. Bunları ayrı ayrı devletçikler olarak anlatırlar. Aslında bu bir nevi hakarettir kendi tarihimize. Çünkü bu üç devlet genel ekseriyetle, yönetimleri Türk olan bizim devletlerimizdir. Öyle göründüğü gibi ayrı ayrı 3 büyük devlet de değillerdir. Bunların üçü de aynı devlettir, değişen tek şey ise hanedanlıklardır.

Neyse biz Selahaddin'i anlatmaya devam edelim ama öncesinde Selahaddin'in yaşadığı dönemi anlatalım ki, büyük komutan kafamızda daha iyi yer etsin.

O zamanlar İslam Dünyası'nın tam anlamıyla bölünmüşlük yaşadığı zamanlardı. Bir yanda Sünni-Abbasi halifeliği, diğer yanda ise Şii-Fatımi halifeleri vardı. Yani hem Bağdat'ta hem de Mısır'da birbirinden bağımsız, ayrı 2 hilafet vardı. Diğer yanda ise Selçuklu'nun dağılmasından sonra ortaya çıkan 33 tane irili ufaklı beylikler ve devletçilikler vardı. Tabi halifelik dediğim gibi güç meselesi ama burada ayrı bir durum var. Devletlerin birinin Sünni, diğerinin Şii olması. Ayrıca diğer irili ufaklı beylikler ve devletçikler ise kendi adlarına hutbe okutup para bastırırken, Haçlılar da akın akın gelmeye devam ediyordu. Bu devletçiklerin kendi aralarında sürtüşme, çekişme ve savaşları ise Haçlılara meydan açıyordu. Şöyle bir durum daha vardı, bu küçük devletçiklerin hemen hemen hepsi, sırf kendi aralarındaki çekişmeden dolayı Haçlıların yanında diğer kardeşine karşı savaşıyordu. Bu da Haçlıların hareket etmesini doğal olarak çok ama çok kolaylaştırıyordu. Bir de bu seferlerin Avrupalılar ve Haçlılar boyutu vardı ki, onların durumu da bizimkilerden farksız değildi. Avrupa'nın o zamanki durumu ise yine taht kavgalarıyla, ekonomik sıkıntılarla dolu olup bir de ne kadar ipsiz, sapsız, katil, hırsız, sapık varsa onlar da Avrupa'ya dolmuştu. Ne medeniyetten ne de insanlıktan eser olacak bir nebze belirti bulunmuyordu oralarda. Onlar da bu kötü gidişata dur demek, ekonomik sıkıntı ve taht kavgalarını ortadan kaldırmak, hem de Doğu'nun zenginliklerini alıp sömürmek için başlatacaklardı bu Haçlı Seferleri'ni. Evet... Tam burada aklınıza "Nasıl yani, bu seferler kutsal topraklar için değil miydi?" diye bir soru gelebilir. Ama gerçekçi bir şekilde söylemek gerekirse, bu dini söylemler sadece halkı galeyana getirmek için bir kıvılcım idi. Amaçları bir de, bu sapık, katil ve hırsızları Avrupa'dan temizleyerek bu savaş içinde yok etmekti. Papa'nın da talimatı ile krallar şövalyelere şöyle bir emir vermişti: "Sakin ha! Bu canileri geri getirmeyin. Orada savaşın en önüne sürün bunları. Bir daha bu topraklara gelmesinler. Kalan olursa bir sebep bulun öldürün!" Halkı kandırmak için ise Papa Urban Avrupa şehirlerini, kasabalarını gezerken şöyle tarif ediyordu Doğu'yu ve Kudüs'ü: "Kudüs öyle bir şehir ki: İçinde iki ırmak akıyor. Irmağın birinde yağ, öbüründe bal var. Diğer Doğu şehirlerinin de Kudüs'ten kalır yanı yok." Yani anlayacağınız Kudüs onlar için ne bir kutsal şehirdi ne de Hristiyanlığın doğduğu, büyüdüğü topraklardı. Kudüs onlar için ganimetti, altında zenginlikler akan bir yerdi. Araya da bir iki dini nutuk sıkıştırıyorlardı. Tam burada bir parantez açmak istiyorum. Çünkü şu an şeytan yanınıza yaklaşıp "İnanma buna, amacı Hristiyanları kötülemek." diyor olabilir. Hatta "İşi gücü bırakıp tarihçiymiş gibi takılıyorsun. Bu dediklerinin belgesi var mı?" diye şeytan aklınızı karıştırıyor olabilir. Hatta ve hatta "Hadi var diyelim, doğruluğunu nereden bileceğiz?" de diyebilir. Hemen besmele çekmeden önce o şeytana, bu yazılanların Haçlı kaynaklarında geçtiğini ve binlerce yıllık dünya tarihinde en sağlam kaynakların Haçlı Seferleri dönemine ait olduğunu, Doğu'nun zenginliklerini elde etmek için savaşa koşan her kral her imparator ve her şövalyenin savaşa giderken yanında bir de tarihçi ile ressam götürdüğünü, bunu ise o kahramanlık dedikleri ama barbarlıktan ibaret olan katliamları, soykırımları kayıt altına alınsın diye yaptıklarını, bu katilce davranışı yapmalarına sebebin ise inançları olduğunu, hatta parantez açarak bu Haçlılar öyle inanıyorlardı ki, kendilerince öldürdükleri insanların kafataslarından tepeler yapıp ressamların resimlerini çizdirttiklerini ve bunların öbür dünyada kendileri için bir kurtuluş olabileceğini dahi düşünenler olduğunu, birde bunların sayısının gerçekten çoğunlukta olduğunu, son olaraktan "Bunlardan daha sahih kaynak mı olur lan şeytan?" demenizi tavsiye eder, ardından besmele çekmenizi öneririz. Ne ise şaka bir yana ama gerçekten adamlar kendilerini, kendi aşağılık durumlarını yukarıda dediğim gibi işte böyle kendileri anlatıyordu. Öylesine gözlerini kan bürünmüştü ki sadece Kudüs'te 70.000, bir de Kudüs'ün çevresi ile tam 220.000 insanı katlettiler. Sadece Müslüman değil Yahudi ve Hristiyanları da öldürdüler. Kimseyi sağ bırakmıyorlardı. Öyle ki Kudüs'ün sokakları inanın günlerce dizlere kadar gelen kan ırmağı ile aktı. Tarihçiler ve ressamlar bunu da kaydetmiştir.

Hatta şu alttaki resim o dönemde minyatürleştirilmiş bir Batı çizimidir.

Onlar bunu yaparken Müslümanların aklının almadığı bir şey vardı "Bu adamlar niye bize bunu yapıyor? Biz ne yaptık onlara? Kiliselerine bile dokunmadık." Bunu düşünmeleri çok normal bir şey değil mi zaten sayın yazar. Sonuçta onlar Haçlılardı ve katillerdi, demeyin. Şunu eklemek gerekir ki siz teknoloji çağındasınız. İstediğiniz bilgiye, istediğiniz zaman ulaşabiliyorsunuz. O insanlar ise belki de yaşadıkları şehirden dışarı adım atmamıştı. Tek tanıdıkları, birlikte yaşadıklarından oluşan halktan ibaretti. Ne zulüm görmüşlerdi ne de işkence. "Siz ise" Ya bir dakika, çok resmi oldu bu. Eski üsluba geri dönüyorum sayın okuyucu. Evet, "sen" ise şu an tarihin aktardıklarından dolayı tüm katliamları bilebiliyorsun. Ama o insanlar Hazreti Ebubekir döneminden itibaren genişleyen İslam topraklarında sadece adalet ve merhamet görmüşlerdi. Zulüm ve işkenceden bihaber yaşıyorlardı. Ta ki Haçlılar gelinceye kadar. Burada amacım körü körüne Haçlı düşmanlığı yapmak değil, yanlış anlaşılmasın. İnanın şimdi bize medeniyet diyenlerin ataları tarih boyunca alçakça yaşadılar. Nitekim şu an medeni görünen Amerika'nın temellerinin nasıl atıldığını merak ediyorsanız, gelin Amerika'yı keşfeden, daha doğrusu keşfettiği iddia edilen Kristof Kolomb'un hatıralarına bakalım. Kristof diyor ki hatıratında:

"Amerika'ya ilk ayak bastığımız vakit oranın yerli halkı bizi çok coşkuyla karşıladı. Sanki bir düğün alayını karşılıyorlarmış gibi bize saygı gösterdiler. Çadırlarını bize açtılar ve kendileri ise dışarıda yattı. Ne kadar yiyecekleri varsa hepsinin en güzellerini seçip bizim önümüze koydular. O kadar saf insanlardı ki..."

Diyecek ve senin aklından geçen "...melek gibiydiler..." sözünü yazmayacak ey okuyucu! Devamında aynen şunu yazacaktı:

"...O kadar saf insanlardı ki: Bana 50 tane silahlı adam verin, birkaç güne bunların soyunu kurutur topraklarını alırım..." diye devam ediyordu Kolomb hatıratında. İşte senin aklından geçen cevap ve Kolomb'un cevabı. Haçlıların düşünceleriyle, o adalet ve merhametten başka bir şey görmeyen Müslümanların düşünceleri aynı temele sahip değil. Senin genetiğin o Müslümanlardan Kolomb'un mayasızlığı ise "Barbar Haçlılardan" geliyor.

ÜMMET İÇİN ELİNDEN GELENİ YAPMAK

O Müslümanlardan bahsederken... O Müslümanlardan biri, Kudüs işgal altında olduğu zamanlar Şam'da marangozdu. O işini yaparken "Kudüs esir, Mescidi Aksa tutsak." diye diye her gün gözyaşı akıtırmış. Elinden bir şey gelmediğinden dolayı ise hüzünlenip otururken bir minber yapmaya karar verir. Öyle bir minber yapar ki ünü, şanı her yerden duyulur. Tüm beyliklerin beyleri, devletçiklerin başkanları haber gönderip bu minberi almak ister. Ama o marangoz bu minberi kimseye satmaz ve her gelene: "Ben bu minberi Kudüs ve Mescidi Aksa için yaptım." der ve geri çevirirmiş. Etrafındaki kişiler onun bu durumuna şaşıp "Yahu sen marangozsun, minberi yaptın ama onu kim götürüp koyacak Mescidi

Aksa'ya? Mescidi Aksa tutsaktır." dediklerinde cevabı her zaman hazır olurmuş marangozun:

"Evet, ben marangozum. Benim elimden gelen budur. En güzelinden minber yaptım, elbet bir komutan çıkacak ve onu yerine koyacaktır." dermiş.

Aynı vakitlerde ise Şam sokaklarında koşturan bir çocuk vardır. 4-5 yaşlarında, adı Selahaddin. Birden koşarken gözüne çarpar o marangozda bulunan bu minber. Durur ve yaklaşır minbere doğru. Sorar, soruşturur hikâyesini ve her şeyi duyduğunda şekillenir kafasındakiler. Artık onun için durmak yoktur, uyumak haramdır, gülmeyi ise kendine zül addetmiştir. Bütün ömrünü çadırda geçirmiştir ve o büyük komutan vefat ettiğinde ise hükmettiği topraklar Tunus'tan İran'a, Yemen'den Anadolu'ya kadar uzanmıştır. Allah hiçbir emeğini karşılıksız bırakmamıştır.

Neyse lafı daha fazla uzatmayalım. Richard'la yaptığı savaşı Selahaddin Eyyubi kazanmıştır ve Kudüs'e gelip zaferini ilan etmiştir.

Müslüman olsun, gayrimüslim olsun herkes Selahaddin'in intikam alacağını biliyordu. Çünkü tüm yöre halkı belki de eşine az rastlanır bir zulüm görmüştü. Herkes bundan dolayı o yapılanların karşılıksız kalamayacağını düşünüyordu. Sadece yöre halkı değil, Avrupalılar da bekliyordu Selahaddin'in intikam alacağı günü. Öyle bir korku sarmıştı ki Haçlıları, o yanlarında götürdükleri tarihçiler bile seslerini çıkarmadan yazmışlardı:

"Selahaddin'in en vahşi biçimde intikamını alması hakkıdır. Bunu yapması onun elinde olan bir haktır. Çünkü biz onlara en ağır işkenceyi, en feci katliamla yaptık." diyerek. Aslında gelebilecek bir katliamı haber veriyorlardı. Çünkü herkes Selahaddin'in katliam yapacağına inanıyordu. Bu inanç Selahaddin'in vahşi olmasından dolayı değil, kendilerinin vahşiliğinin bir sebebi olduğundan dolayı bu düşünce içine giriyorlardı. Herkesi kendi zihin dünyaları içinde düşünüyorlardı.

Herkes bu katliam haberlerini duyup sonlarını beklerken, Selahaddin ise Kudüs'e girmişti bile. Tüm gözler Selahaddin Eyyubi'nin üzerindeyken, Selahaddin Eyyubi atını halka çevirip:

"İsteyenler Kudüs topraklarını terk ederek kendi memleketlerine dönebilirler. Kimsenin canına ve malına dokunulmayacaktır. İsteyenler ise burada eskisi gibi kalmaya devam edecekler. Onlara da hiçbir şekilde dokunulmayacaktır. Ancak gitmek isteyen erkekler 10 dinar, gitmek isteyen kadınlar 5 dinar, çocuklar ise 2 dinar verecektir."

Herkes şaşırmıştı... "Nasıl yani?" diyordu herkes. Sadece bu muydu? Ha bu arada, o istenilen miktarlar da öyle yüksek miktarlar falan da değildi. Tam aksine devleti zarara uğratacak kadar ufak bir miktardı. Bunu yalnızca sembolik olarak istedi Selahaddin Eyyubi. Bugünün parasıyla belki 100 liradır, belki 200 lira. Bu miktarı bile ödeyemeyenler olmuş ama Selahaddin Eyyubi ise bunları kendi cebinden ödemişti. Nitekim Kudüs tutsak olduğu zamanlarda Müslüman ve gayrimüslimlerin elinden zorla paralarını, tarlalarını, bahçelerini ve tüm mal varlıklarını alan zenginler, sadece ve sadece kendi fidyelerini ödeyip arkalarına bile bakmadan gittiler. Mal varlıklarını da yanlarında götürmeleri cabası idi. Orada kalan 30 bine yakın masum, fakir, gayrimüslim vardı. Bir de Piskopos Heraklius. İşte bir de o sona kalmıştı. Hemen aklınıza din adamı olduğu içindir diye düşünce gelmesin. Kalma sebebi din tüccarlığı yaptığı içindir. Durun, durumu daha fazla karıştırmadan kısaca açıklayayım. Bu adam halktan tüm mal varlığını kilise adını alan bir piskopos idi. Bütün bu aldığı malların hepsini kendi zimmetine geçirmişti. O kadar çok serveti olmuştu ki, hepsini toplaması günlerini, haftalarını almıştı. Kiliselerde ne kadar değerli eşya, altın ve diğer paha biçilmez taşlar varsa hepsini anca develere yükleyip gidebilmişti. Evet develere yüklemişti, o kadar çoktu. Hatta servetini yüklediği tam 40 deveden bahsediyorum. Tam 40 deve yükü servet götürdü yanında. Kendisine, fidyelerini ödeyip onları da yanında götürmesini isteyen Hristiyan dindaşlarına ise tek dediği şey şaka gibiydi "İsa Mesih sizleri korusun evlatlarım." İşte buydu Avrupalının din anlayışı. Kendisinden olana bile yardım etmiyordu. Hem de kendi dindaşından aldığı paraları yanında götürerek. Peki, geriye kalan halk ne yaptı, diye düşünüyorsanız. Hiçbir şey yapamadılar, hiçbir şey yapamazlardı da zaten. Kendi piskoposları onları yüzüstü bırakıp gitmişti, Selahaddin mi yardım edecekti onlara? Selahaddin ancak onları dilim dilim doğrardı. Onlara kendi dindaşları yardım etmedi, Selahaddin Eyyubi niye yardım etsin ki? Hem dindaşları nice Müslümanı katletti, şimdi Selahaddin mi yardım edecek onlara?

İşte bu sorunun cevabını yine Selahaddin Eyyubi verecekti ve "Evet! Ben yardım edeceğim." deyip köle olanlara 5000 dinar vererek, kendi cebinden gayrimüslimlerin fidyesini ödeyip serbest bırakacaktı onları. Geri kalan 25000 kişiyi ise bizzat Selahaddin serbest bırakacaktı. Sadece serbest bırakmayıp yaşlı, hasta ve hamilelere yolda bir zarar gelmesin diye özel binek tahsis ettirecekti. Dünyada eşi benzeri olmayan bir devlet adamlığıydı bu. Avrupalı ilk defa böyle bir devlet adamı görmüştü. O yüzdendir ona olan hayranlık ve o yüzdendir Avrupa saraylarında prenseslerin kendisini görmeden Selahaddin'e âşık olmaları. Nasıl ki asırlarca Müslüman deyince Avrupalıların aklına Türkler geliyordu, işte o dönemlerde de İslam deyince Kürt Selahaddin gelirdi akıllara en evvel. Ve en sonunda Selahaddin Eyyubi hasta olup yatağa düşünce, ölümüne yakın ne şirketleri vardı ne de hanedanlığına bıraktığı bir bankası. Bir kefeni vardı yanında alıp götürdüğü, bir de 1 dinar 33 dirhemi vardı miras bıraktığı. Bir de Kudüs vardı bizlere emanet ettiği. Şimdi o koskoca şehrin yükü çocukların nafakasını temin eden Filistinli babalarının omzunda ve bir de yavruları Selahaddin olsun diye yetiştiren Gazzeli anaların sırtında. O şehir ki Tevhit dinlerinin merkezi. Yahudiler için Davut Aleyhisselam'ın fethettiği, Süleyman Aleyhisselam'ın başkent yaptığı Kudüs.

Hristiyanlar için Hz. İsa'nın hayatının büyük kısmının en önemlisi tebliğ sahasının geçtiği, Doğuş Kilisesi'nin de bulunduğu Kudüs.

Bizim için ise en temelinden ilk kıblemiz ve Peygamber Efendimiz Sallallahu Aleyhi ve Sellem'in miraca yükseldiği Kudüs. Bazen üç dinin, bazen gizli sırların, bazen anlatılmamış hikâyelerin yaşandığı yer olan Kudüs. Daha yeni ifade ettiğimiz gibi üç semavi din olan Yahudilik, Hristiyanlık ve İslam için merkezi konuma sahip olan bir şehir. Yahudiler için merkezî konuma gelmesi Hazreti Davud'un o şehri fethi ile başlar. Milattan önce 1000 senesinde şehirde bulunan Hititler, Ariler ve Akadların başkanı konumunda olan Calut'u savaşlar ile yenen Davut Peygamber, Kudüs'ü İsrail Krallığı'nın merkezi yapar ki bu tarihe kadar Kudüs'ün Yahudiler arasında hiçbir önemi yoktur. Yani öyle zannedildiği gibi Hz. Musa ile değil, Hz Davut ile başlar Yahudiler için Kudüs'ün önemi.

Yahudilere başta Hazreti Musa olmak üzere Hazreti Üzeyir, Hazreti Yahya, Hazreti Zekeriya, Hazreti Süleyman ve Hazreti Yuşa gibi birçok peygamber gelmiştir. Öyle ki Yahudiler tarih boyunca kendisine en fazla peygamber gönderilen topluluktur. Tabi bu övünme meselesi değildir. Onlara çok peygamber gönderilmesinin sebebi ise; Allah'la problemli topluluk olduklarından dolayıdır. İşte tam da bu yüzden nankörlükleri, Allah'a tevekkül etmeyişleri, sürekli sözlerinden dönmeleri hasebiyle hep azgın topluluk olmuşlardır. Bu kadar azgın bir topluluk olduklarından dolayı Hak Teâla onların dizginlenmesi için birçok peygamber, Tevrat ve Zebur olmak üzere 2 tane de ilahi kitap göndermiştir. Bunlar öyle bir topluluktur ki, şu an dahi kendilerini üstün ırk sayıp diğer insanları hayvan olarak görürler. Diğer insanları hayvan olarak görürler, lafımdan mecazi bir şey anlamayın. Bu gerçekten böyledir ve gerçekten öyle düşünürler. Yani bunların zihin dünyasına göre Yahudi yaratılmayan diğer insanlar aslında bir hayvan olup üzerlerinde insan derisi bulunmaktadır ve o insan derisi bulunan (aslında hayvan olanlar) Yahudilere hizmet etmek için yaratılmıştır. İşte bundan dolayı Yahudiler direk cennete girerken, bunlar belki cennete girebilir ve aynı zamanda bir insan işte bu yüzden Yahudi olamaz, Yahudi doğmak zorundadır. Farkındayım şu an "Ulan bunlar ne hastalıklı zihniyettir" böyle dediğinizi duyuyor gibiyim ama ne diyebilirsiniz ki aynen de düşündüğünüz gibi. Böylesi bir düşünceye inanıp planlarını böylesine yapan bir topluluktan başka ne bekleyebilirsin? Neyse lafı fazla uzatmayalım.

Yahudilerle birlikte Hz. Musa bir süre çöllerde dolaştıktan sonra, Eriha Şehri ile Kudüs arasında bir dağda vefat ediyor. Yani Hazreti Musa Kudüs'ü göremiyor. Kudüs'ü fetheden, böylece de Yahudileri sürgün hayatından kurtaran, yerleşik hayata geçmelerine vesile olan, aslında Hazreti Davud oluyor. Daha sonra ise Hazreti Davud Kudüs'ü Calut'un elinden alıp da İsrail Krallığı'nın başkenti yapınca hem Allah'a şükür niyetinde hem de Yahudiler için çok kutsal olan, içinde Tevrat nüshası ile On Emir'in yazılı bulunduğu taş tablet ve çöl hayatından bazı hatıralar olan ahit sandığını korumak için bir mabet yaptırmak istiyor. Önce İsrail Krallığı'nı simgelemesi adına kendi sarayını yaptırıyor. Ardından, sıra Allah için yaptıracağı mabede geliyor. Önce Kudüs'ten muazzam bir yer satın aldırıyor sonrasında ise kendisine bildirilen mabedin planlarını hazırlıyor. En sonunda yapımında kullanılacak olan malzemeleri de getirdiğinde Allah-u Teâla, Hz. Davud'a "Dur!" diyor ve mabedin yapılmasına izin vermiyor. İzin vermiyor, çünkü Allah-u Teâla orada Hazreti Davut Aleyhisselam'a buyuruyor ki: "Ey Davud. Sen çok savaş yaptın, çok kan döktün. Böylece senin elin kana bulaşmış oldu. Bu yüzden bu mabedi yapmak sana değil, oğlun Süleyman'a nasip olacak." Ve böylece Hz. Davud yaptığı tüm hazırlıkları bırakacaktı. Mabedinin yerini ve planlarını oğlu Süleyman Peygamber'e öğreterek, malzemeleri de ona teslim edecekti. Hz. Davud'dan sonra oğlu

Hz. Süleyman, Yahudiler için Kudüs'ün temel sebebi olacak olan Süleyman Mabedi'ni yaptırdı ve bu tarihten sonra Kudüs, yani Süleyman Mabedi, Yahudilerin kutsal mekânı halini aldı.

Yukarıdaki resimde gördüğünüz Süleyman Mabedi'nin bir maketidir. İşte bu yüzden Yahudiler, şu an ki Mescid-i Aksa'yı yıkmak isterler. Orayı yıkıp bunun gibi bir mescit yapma düşünceleri vardır. İşte bu yüzden de durmadan tadilat yaparlar, kazı yaparlar. Şimdi ne alakası var diye düşünmek isteyebilirsiniz, istemeyin. Hemen açıklıyorum. Mescid-i Aksa Müslümanların yaptığı bir mescittir. Yani Hz. Süleyman'ın, Süleyman Mabedi olarak yaptırdığı mabet değildir. İşte bu yüzden dolayı Mescid-i Aksa'nın altını tadilat yapıyoruz, diyerek kazıyorlar. Böylece hem Süleyman Mabedi'nin temellerini bulmaya çalışıyorlar hem de Mescid-i Aksa'nın temelini zayıflatıp küçük bir deprem ile yıkmak istiyorlar ki, tekrar yapılsın ve tekrar yapıldığında ise Süleyman Mabedi yapılmış olsun.

Ha bu adamlar için bu mescidin olmasının niye bu kadar çok önemi var, diye haklı sorunuza, sadece "Geleneği tekrar diriltmek isteğidir." diyerek cevap vermeyeceğim. Bir başka neden daha var ki, bu aslında en önemli olandır.

Nitekim bizim için Kâbe ne ise, Yahudiler için de sürgün hayatından kurtularak yerleşik hayata geçip, yaptıkları ilk tapınak olan Süleyman Mabedi öylesine bir öneme sahiptir. İşte bu önem içinde, bir de akidevî boyutu vardır işin. Bu anlattıklarım mabedin görünen yüzleri. Bir de işin perde arkası var ki, işte o kısım mabedin akidevî boyutunu teşkil ediyor.

Burada önemli olan iki husus bulunmakta ki, birincisi kurban, ikincisi ise hacdır. Nasıl ki bizde ibadetlerin temelini beş vakit farz namazlar oluşturuyor ve tüm ibadetlerimizi bu beş vakit farz namazın zaman ayarlamasına göre oluşturuyorsak; Yahudi inancında da ibadetlerin temelini kurban oluşturuyor. Yahudilikte kurbansız bir ibadet düşünülemez ve bu kurban ibadetinin doğru bir şekilde yerine getirilmesi için bazı belli başlı şartların oluşması gerekmektedir. İşte önemli nokta tam da burası. Bu şartların kurallarının başında ise Süleyman Mabedi'nin olması lazımdır. Bakın bu dediğime çok dikkat edin, bunların başında Süleyman Mabedi'nin olması lazımdır. Yahudi dindarların, tanrıları için sunacakları kurbanın Süleyman Mabedi denetiminde bulunan din adamlarının vasıtasıyla takdim edilmesi gerekir. Bu Süleyman Mabedi otoritesi olmadan Yahudilerin kurbanlarını Tanrı'ya sunmaları gerçekleşemez, yaptıkları kurban ibadetinin salahiyeti şüphe arz eder.

İkincisi ise mabedin hac boyutudur. Reşit yaşa gelmiş her Yahudi erkeği üç kutsal bayramları olan Roş Aşana, Yom Kipur ve Sukot'da, Süleyman Mabedi'nin önüne giderek isbat-ı vücud eyler; yani hac ibadetlerini yerine getirirler. Bu ibadetleri de Süleyman Mabedi olmaksızın gerçekleşemez. İşte bu sebeple Yahudi inancına göre dini ibadetlerini hakkıyla yerine getirebilmeleri için Süleyman Mabedi olmazsa olmazdır.

YA AĞLAMA DUVARI NEDİR?

Büyük ihtimalle çoğumuz Ağlama Duvarı'nı Süleyman Mabedi'nin yıkılmamış bir parçası olarak düşünüyordur, lakin böyle değildir. Zaten onlar o duvara Ağlama Duvarı demez. Aynı zamanda dediğim gibi o duvarın ne Hz. Süleyman'la, ne Süleyman Mabedi ile ne de temel Yahudi inancı ile yakından uzaktan alakası yoktur. Süleyman Mabedi'nden eser yok ki şimdi. O ekranlarda gösterdikleri büyük ihtişamlı yapılar falan Süleyman Mabedi değil. Süleyman Mabedi dediğimiz yapı küçük bir tapınaktan ibaret. Hz. Süleyman orayı belirlenen ölçülerle yaptırdığı vakit, şimdiki gösterdiklerinden katbekat küçüktü. Tarih boyunca çeşitli krallar tarafından birkaç defa yıkılıp yerle bir edilmişti o mabet. Tabi sonradan tekrar yapıldı. Hatta ve hatta bir defasında şu İsrail'e her gün sayıp söven İran'ın dedeleri Persler yıkıldıktan sonra, o mabedin yapımına yardım etmişlerdi. En sonunda milattan önce 20 yılında Kral Hirodes'in o topraklara hükmetmesi ile birlikte mabet genişletilmiştir. Ağlama Duvarı dedikleri yerde bu genişletme çalışmaları sırasında mabedin etrafına yaptırılan koruma duvarından ibarettir. O kutsal Ağlama Duvarı muhabbeti tamamen Yahudilerin uydurmuş ve tahrif etmiş oldukları inançlarından kaynaklanmaktadır. Yoksa temel Yahudi inancına göre Ağlama Duvarı hiçbir kutsiyet arz etmez. Bu duvar, mabedin batı tarafını korumak için yapılmasından ötürü, Yahudiler kendileri arasında "Batı Duvarı" diye isimlendirilir. Ağlama Duvarı ifadelerini Avrupalılar kullanmış, onlardan da bize geçmiştir bu tabir.

Peki, Avrupalılar neden ağlama duvarı diyorlar, diye sorarsanız... Mabedin son olarak yıkılmasının ardından geriye sadece bu duvar kalmış ve günümüze kadar ulaşabilen tek parça olmuştur. Süleyman Mabedi'nden eser kalmayınca ve geriye kalan tek parça bu koruma duvarı olunca, Süleyman Mabedi'nin Yahudiler için tek hatırası bu olmuştur. Lakin bu duvarın yanına gidip de rahat rahat ibadet edememişlerdir. Çünkü Hazreti Ömer dönemine kadar bu topraklara Romalılar hükmetmiş ve Yahudilerin çıkarmış oldukları bazı kargaşalardan dolayı da, onların bu duvara yaklaşması asırlar boyunca yasaklanmıştır. Ta ki 637 yılında Hz. Ömer tarafından Kudüs toprakları fethedilinceye kadar. Hz. Ömer 637 yılında Kudüs'ü fethettiği vakit, İslam inancı ve hoşgörüsünden dolayı gayrimüslimlerin ibadetlerinde özgür olduğunu bildirmesi ile birlikte, bu duvarda Yahudiler için ziyarete açıldı. Oraya ziyarete gelen Museviler mabetten geriye kalan bu tek parça duvarın önünde ona kavuşmanın mutluluğu ile gözyaşı akıtmış, Süleyman Mabedi'nin tekrar yapılması için tanrılarına dualar etmişlerdir. Yahudilerin bu duvarın önünde gözyaşı dökmelerine şahit olan Avrupalılar, bu yüzden, bu duvara Ağlama Duvarı ismi vermişlerdir. Tabi bu arada Kudüs ve Yahudi diyorum durmadan, ama aklınıza Kudüs aslında Yahudilerindir, gibi bir şey gelmesin hemen. Kudüs şu an çok fark etmesek de bizim önem verdiğimiz kadar Hristiyanların da önem verdiği bir yerdir ki, tarih buna şahittir. Sonuçta Hazreti Meryem Kudüs'te idi, Hazreti İsa Kudüs'te doğdu, Hazreti İsa'nın bakımını, Yahya peygamber Kudüs'te yaptı. Hatta en önemlisi Hazreti İsa çarmıhı sırtlanarak Elemli Yol denilen sokaklarda, çarmıha gerilmek için o ceza yerine kadar Kudüs yollarında yürüdü. İşte bu noktada işin garip yanı, buna rağmen Hristiyanların Yahudiler ile işbirliği yapıyor olması gibi gelebilir. Ama olaya dinler olarak bakmayın. Yani bunlar farklı dinden diye birbirlerine düşman olacak değiller. Çünkü dünya düzenini yöneten ve buna şekil vermeye çalışanlar din üzerinden birlik değil, para ve güç üzerinden birlik yapıyorlar. Elbet Yahudilerin, o Siyonist ve sapkın inançlarında din önemli bir etken ama önemli olan aslında para ve güçtür. Elbet para ve gücün yanında Kabala gibi o yasak diyeceğimiz kitapları da büyü için kullanıyorlar. Dur şimdi, bir dakika sayın okuyucu aklıma gelmişken bu olay ile de ilgili bir şey anlatayım. Hani biraz konudan başka bir konuya geçmiş gibi görünüyorum ama unutmadan anlatmış olayım. Ha öyle çok da farklı değil aslında, aynı konunun ilginç bir dalı bu anlatacağım şey.

Şimdi ben size... Ya pardon yine resmiyet ağzı tuttu, hemen düzeltiyorum. "Sana" Kabala diyorum, büyü diyorum ama bunlar da hep böyle cinli, işte ne bileyim gizli saklı gibi görme. Bazen yaptıkları büyüyü teknolojiyi kullanarak yapıyorlar. Yani aslında tam bir büyü diyemesek de benziyor işte. Örneğin subliminal dalgalar vererek nice insanları etkilediler. Hatta nice liderleri. Evet, "subliminal mesaj" demedim. Subliminal dalga ve etkiledikleri liderler dedim. Mesela örnek olarak Özal…

Hatta size o dönemi yaşayan birinden aktarayım olayı. Öncelikle o dönemi ve Özal'ı bilirsiniz. Türkiye'nin millileşmesinde büyük emeği olup Amerika'ya karşı kendi hükümetini yerli bir şekilde tutarak, direnen bir liderdir. Neyse, konuya gelince... İşte o vakit Özal evinde, aslında normal bir yaşam varken bir anda ne oluyorsa oluyor, çok sinirli bir hale gelmeye başlıyor. Her şeye öfkeleniyor, her şeye kızıyor ve etrafındakiler bunun normal bir şey olmadığını anlamaya başlıyor. Hükümet üyelerine sert çıkışırken, formunu da kaybetmeye başladığı gözlerden kaçmıyor. Ardından aşırı yorgunluk, iştahsızlık, resmen farklı bir bünyeye bürünmeye başlamıştı Özal. Yapılan tüm tetkikler ve araştırmalar sonucu da bir şey çıkmıyordu. Bir hastalık bulgusuna da rastlanmıyordu. Tam her şeyden umudu kesmişken, askeri istihbarattan gelen bir emirle Özal'daki değişimin sırrı da çözülecekti. Genelkurmaydan gelen uzmanlar, yaptıkları incelemede başbakanlık konutu üzerinde kaynağını keşfedemedikleri ve çözemedikleri çok güçlü elektromanyetik dalgalar olduğunu aktardılar. Alelacele Turgut Özal ve ailesi başbakanlık konutundan çıkartılıp başka bir konuta yerleştirilecekti ve Özal yeni konutunda, henüz ikinci gününden normale dönmeye başlamıştı. İşte bu subliminal dalga ile insanlar böylesine etkilenebiliyordu. Bununla da yetinmeyip daha nice liderlere yaptılar ama konu inanın uzar da uzar. Bu size şaka gibi gelebilir ama inanın düşmanlar çok sinsi hamleler yapmak adına uğraş veriyorlar. Bu savaşlarda ise, inanın o derece ahlaki olmayan hamleler yapmaktalar ki; cinleri de, aynı zamanda bunlarla ilgilenen insanları da her zaman kullanıyorlar. Hatta size yine Özal ile ilgili bir şey anlatayım, işte o zaman iyice ne demek istediğimi anlamaya başlayacaksınız. Özal döneminde Süleyman Efendi diye biri varmış, tabii "varmış" diyorum ama bunu hikâye gibi görmeyin. Bu gerçekten böyledir ve bunu da bir istihbaratçı anlatmıştı TRT'de. Neyse işte bu Süleyman Efendi'nin konusu geçer, Özal da merak ederek "Hadi bir gidip ziyaret edin. Kimmiş bu adam?" der. Bu kişiler gider Süleyman Efendi'yi ziyaret eder, konular konuşulur, muhabbetler yapılır... Sonra Süleyman Efendi bir muhabbeti geçince Özal'ın ne zaman öleceğini, Eşref Bitlis'in ne zaman öleceğini, Adnan Kahveci'nin ne zaman öleceğini söyler. Oradakiler tabii bunu o kadar çok dikkatli dinlemez ama parantez içinde ekleyeyim Süleyman Efendi'nin söylediği tarihler direkt tutmasa da, yakın tarihlerde bu ölümler gerçekleşir.

Ha, bu adam nereden biliyor, diye sorarsanız. Tabii ki ilahi bir gücü yok ama bazı insanlar doğuştan böyle gelirler. Yani görmüyoruzdur belki, Allah korusun birinin içine cin girdiğinde onu öyle her hoca çıkaramaz. Belirli kişiler bunu yapabilir ki, bazen böyle durumlarda sadece dua okumak yetmez. Onun için özel olarak Kuran-ı Kerim okumak, aynı zamanda diğer hani "altıncı his" lafı vardır ya, işte onun gibi şeyler gerekir. Bunlar da doğuştan gelir. Yani biri büyük âlim olabilir ama onu yapamaz, ama bazı kişilere doğuştan Allah-u Teâla bunu vermiştir. İşte böyle bir şey Süleyman Efendi de vardır. Ama insan bunu yanlış bir şekilde kullanmaması gerekir. Bu size fantastik ya da uydurma gelmesin, gerçekten olan bir şeydir. Neyse zaten konunun devamını anlatınca olayı daha da iyi anlamaya başlayacaksınız.

Geri döndüklerinde bunu Özal'a söylerler, Özal da öylesine dinler geçer. Aradan hayli bir zaman geçtikten sonra yeni bir Alman elçi Türkiye'ye atanır. Bu elçi de nezaket ziyaretinden dolayı Özal'ı ziyaret etmek ister. Özal da tabii ki kabul eder. Ardından muhabbetler edilir, konuşulur sonra teknolojik silahlar şudur, budur derken Özal şakasına yanındakilere: "Beyefendiyi o geçen gittiğiniz yere bir götürün bakayım, belki ölüm tarihi ne zaman öğrenir." dediğinde oradaki Alman elçi hemen söze girip;

"Süleyman Efendi'nin yanına mı?" diye sorar. Oradakiler bir anda şaşırır. Özal hemen elçiye dönerek:

"Süleyman Efendi'yi nereden biliyorsunuz?"

"Biz onu 20 yıldır tanıyoruz. Yoksa siz yeni mi tanıştınız?" deyince Özal'ın şaşkınlığı bir kat daha artıp:

"Onunla niye görüşüyorsunuz ki?" dediğinde belki Özal'ın bunu yeni öğrendiğini anlamış olsa gerek, pek de söylemek istemez gibi bir hal alır elçiyi. Ama Özal'ın 2. tekrarından sonra:

"Biz uzay işlerinde onun yanına geliriz, bazen de bu dediğiniz konular için onu rahatsız ederiz."

Özal daha da şaşkınlığı artmış bir şekilde:

"Uzay ne alaka?" diye sorar. Alman elçi ise:

"Aslında bunu son zamanlarda düşünmeye başladık. Çünkü uzaydaki uydularımız bozulduğunda oraya tekrar birini göndermek hem büyük masraf hem de büyük bir zaman kaybı. Bizde acaba cinler vasıtasıyla bunu halledebilir miyiz, düşüncesinden dolayı o adamın yanına gidip bize bu konuda yardım edebilir mi, diyerek fikrini almaya çalışıyoruz." dediğinde Alman elçi, Özal çok şaşırır. Bu sözlere gülümseyerek karşılık verdikten sonra "Neyse..." der ve muhabbeti değiştirir. Peki, sonra Özal ne yaptı derseniz... Tabii kişisel düşüncelerini bilemem ama sonra bu konunun üzerine çok gitmiyor. Ha korktuğu için mi? Hayır, sadece önemsiz buluyor, yani böyle şeylerin gerçek olamayacağını düşünüyor. Bu manyetik dalgalar olsun yani aslında çok konuşmaya başladık ama bu cinlerle manevi dünyada yapılan bazı hamleler olsun bunları pek ciddi bulmuyor. O yüzden üzerine de gitmiyor. Zaten bunlar insan aklının alabileceği şeyler değil ve aslında insanların da uğraşmaması gereken şeyler. Neyse zaten bu konulara aslında pek girmememiz gerekirdi ya. Biz konuya farklı yönden devam edelim isterseniz. Aslında bu konu hakkında söylenecek çok şey var ama çok da söylememek lazım. Zaten bu konulara gerekmediği sürece girmek yasaklanmıştır. Ama ben sadece aklınızda bulunması için biraz girdim. Ha bilin ama neden çok girmeyin diyorum derseniz, çünkü onlara yer açarsan onlar gelirler. Bu sözümü iyi anlayın. Sen onlara yer açarsan, onlar gelirler. Bu yüzden pek konuşmamak gerekir. Bunu söyledim diye de üzerinizde bir korku olmasın, çünkü ehli iman olan insanlık onlardan üstün yaratılmıştır. Hani bir ayet vardır, Ayet-el Kürsi. İşte bu ayet hiçbir ümmete verilmemiştir. Sadece Hazreti Peygamber Efendimiz Sallallahu Aleyhi ve Sellem'in ümmetine yani bizlere indirilmiştir ki, bu ayet onlardan (cinlerden) fazlasıyla korur. Ha burada şunu da tekrar ekleyeyim ki bazen bu ayetler yetmeyip Allah-u Teâla'nın başka sureleri, duaları başka ritüeller devreye girer. Bunu dediğim gibi, belirli hocalar bilir. Tabi bazen bunları bilip kullanmaya çalışan hoca kılıklı kişilikler de vardır. Onlardan uzak durun! Ne ise tamam yeter şimdilik bu kadar yeter gerçekten konuşmaya çok gerek yok, geçelim bunları isterseniz. İleriki zamanlarda belki konuşulur. Hem daha konuşulacak çok konu var. Hadi gelin bu konuları tadında bırakalım ve hayatınızda görüp göreceğiniz en bağlantısız konu atlamasını yapalım. Yoksa inanın konu değişmeyecek.

YERLİ ADAMLARIN YERLİLİK KAVGASI

Tarih boyunca böyle şeyler kullandılar nice kirli işler ile saldırdılar. Ama sadece böyle saldırmadılar. Nice komplolar kurarak da tarihimize, hatta daha yakın tarihimize saldırdılar. Her şeyden öte bize isimleri unutturdular. Bakın bu dediğim çok önemli bir laftır, bize isimleri unutturdular. Mesela aranızda Nuri Killigil'i bileniniz var mı? Evet, bazılarınız şu silah fabrikası patlayan kişi miydi, diyor olabilir. Aslında kişi demeyelim de "Paşa" diyelim. Evet, bahsettiğim kişi Enver Paşa'nın kardeşi Bakü Fatihi olan Nuri Paşa.

Tarihler Birinci Dünya Savaşı'nın sonlarına doğru idi. Azerbaycan ve Kafkasları; Ruslar, Ermeni çeteleri ve İngilizler ile birlikte işgal etmiş durmadan katliamlar gerçekleştiriyordu. İngilizler Kafkaslarda yoktu ki sayın yazar, demeyin! Aslında varlardı. Ha burada size olmayan bir tarihi olmuş gibi anlatmak değil niyetim. Sadece olaylara daha derin bakmak lazım. Nitekim İngilizler nerede bir kargaşa, bir kaos, bir savaş varsa onlar oradaydı. Bazen askerleriyle, bazen kuvvetleriyle oradaydılar. Bazen de politikalarıyla, tuzaklarıyla, hainleriyle oradaydılar. Azerbaycan'da ise ordu birlikleriyle gelmiştiler. Lakin bu birliklerin bir farkı vardı. Bu birliklerin adını "Ruslara Yardım Birliği" koymuşlardı. Biz biliyorduk ki bu birlikler Orta Asya'daki, Kafkaslardaki soydaşlarımızla bağımızı koparmak için gelmişti. Karşılarında ise Nuri Paşa olacaktı. İşte o sıralarda Bakü düştü, düşüyor derken Nuri Paşa, Ermeni çeteleri ve İngilizlerin art arda gerçekleştirdiği katliamlar üzerine Kafkas Türk İslam Ordusu adında, Osmanlı, Azeri ve Dağıstan askerlerinden oluşan bir ordunun kumandanı olarak Azerbaycan'a harekâta başlayacaktı. Çok sürmeden bu tek ordusu ile birlikte üçlü düşmanı öyle bir bozguna uğratıp işgali bitirdi ki, halk onun için "Nuri Paşa savaşmadı, destan yazdı!" dedi. Tüm Kafkaslar Nuri Paşa'nın bu zaferi sonunda "Allah-u Ekber!" diye inlemişti. Azeri halk tarafından kendisine "Bakü Fatihi" lakabı verilip, bir de onun adına marş bile bestelemişlerdi:

Nuri Paşa at belinde,
Türkiye'den Kars'tan gelir.
Azerbaycan diye diye,
Yenilmeyen arslan gelir.
Dalgalanan Türk bayrağı,
İstiklalden haber verir.
Türk'ün şanlı tarihine,

Zaman er oğlu er verir.
Türk'ün dövüş bayrağında,
Doğan aya hilale bak.
Bu yürüyüşe, bu zafere,
Bu şanlıca celale bak.

Dalgalanan Türk bayrağı,
İstiklalden haber verir.
Türk'ün şanlı tarihine,
Zaman er oğlu er verir.

Kazanmıştı muharebeyi ama Nuri Paşa'nın yaptıkları sadece bunlarla da sınırlı değildi. Bakü, Nuri Paşa'nın üne kavuştuğu yerdir. Paşa bunun yanında bir de teğmen rütbesinde görev yaparken 1911'de Trablusgarp Savaşı'na diğer bir Osmanlı paşası olan Mustafa Kemal ile birlikte katılır ve İtalya'ya karşı savaşır. Birinci Dünya Savaşı'nda, Kuzey Afrika'da bulunan Osmanlı ordusunun en üst düzey kumandanı olur.

Nuri Paşa, Karabağ'a kadar olan tüm toprakları işgalden temizlemiş, durdurulamaz bir aslan gibi ilerlemişti. Ama ne yazık ki Osmanlı sadece bir cephede değil, birden çok cephede savaşıyordu. Cepheler bir türlü bitmek bilmiyordu. Biri bitse de öteki başlıyordu. Nuri Paşa buraları önüne almış giderken, bir de Suriye Cephesi vardır ki; orada da durum kötüydü. Suriye Savaşı'nda müttefik olan Alman generaller komutasındaki Yıldırım Orduları grubumuz, İngilizler tarafından hezimete uğratılmıştı. Paşalara bir bir telgraf gelmişti, geri çekilmeleri konusunda. Yalnız Nuri Paşa'ya gelen telgraf farklıydı. Tamam, belki geri çekilme denmemişti fakat kaybetmemişti de savaşı en azından. Kimden geldiği konusuna gelince. Nuri Paşa'ya ağabeyinden gelecekti telgraf. Yani Enver Paşa'dan. Enver Paşa ise telgrafında: "Savaş bitti. Diğer cephelerde durum çok iç açıcı olmasa da, sen cephende muzaffer oldun. Ateşkes masasına elimiz güçlü oturmalıyız. Bunun için de gerekirse Azerbaycan hükümet şekli ile Osmanlı Devleti'ne benzer bir şekilde biçimlendirilmeli ve devlette söz sahibi olmalıdır." diye telgraf gönderecekti. Enver Paşa böyle demişti kardeşine ama İstanbul'da kurulan yeni hükümet daha farklı muamele edecekti Nuri Paşa'ya. Hükümet, ordunun tasfiye edilmesi gerektiğini ve derhal kendisinin İstanbul'a gelmesini kesin bir emirle bildirecekti. Aslında bu kararı kabul etmek istemiyordu, çünkü o Bakü Fatihi'ydi. Kahraman bir komutandı. Lakin devleti, milleti, bayrağı ve vatanı karşısında da boynu kıldan inceydi. Emir böyleydi, tasfiye edilecekti. Ama o her şeyi milleti için, Türk İslam ülküsü ve cihan hâkimiyeti için yapmıştı yaptıklarını. Ayrılık vakti gelmişti Allah-u Ekber diye inlettiği Kafkas dağlarından. O askerleri ile Azerbaycan halkı ile vedalaşırken, halkı da bu muzaffer paşaya karşı haklarını nasıl ödeyeceklerini düşünmekteydiler, aslında ödeyemeyeceklerini bilerek. Öyle ya... Onlar için savaşmıştı Nuri Paşa. Ayrılık zordu ama gitme vakti de gelmişti. Önce Trabzon'a oradan da deniz yoluyla İstanbul'a geçmişti Paşa. Vapurdan indiğinde ise kendisini karşılamaya kutlamalar eşliğinde coşkulu kalabalıklar değil de polisler gelmişti. Tutuklanmıştı ve artık ünlü Bekir Ağa bölüğü, Bakü Fatihi olan Nuri Paşa'yı bekliyordu. Orada da uzun süre kalmayacaktı. Hemen ertesi gün İngilizler, adından bile korktukları Nuri Paşa'yı teslim alarak gizlice Batum'daki Ardahan Kışlası'na hapsedeceklerdi. Lakin orada bir hataya düşeceklerdi. Kendilerince Rusların intikamlarını almaları için Nuri Paşa'yı onların yakınında bir yere hapsetmişlerdi. Ama şunu fark etmemişlerdi ki; bu yer Azerbaycan'a daha yakındı. Tabii bu sırada ise kendilerine yakın bir yerde Nuri Paşa'nın hapsedildiğini duyan Azerbaycan halkı, durur mu? Sıra bizde, diyerek yola çıkacaklardı. 8 ağustos 1919 gecesi Azerbaycanlılar el ele vererek Nuri Paşa'yı hapishaneden kaçırıp serbest bırakacaklardı. Daha sonra ne oldu derseniz. Aslında Nuri Paşa komutasında Kafkas Türk İslam Ordusu, cenk meydanında kazandığını belki Azerbaycan-Moskova Anlaşması gereğince kaybetmişti. Nuri Paşa için ise bu kaçış esasında onun için yeni bir başlangıç olacaktı. Hiçbir şey bitmemişti, her şey yeni başlıyordu. Cumhuriyet tarihinin ilk endüstriyel silah fabrikasını kuran bir kişi olacaktı. Fabrikasını 1930 yılında kuracaktı. Zeytinburnu'nda bir fabrikayı satın alarak kurduğu bu işletmede ilk başta silah, gaz maskesi ve mermi satılırken, bu fabrika günden güne de büyüyecekti.

(Silah fabrikası)

Ardından yeni motorlar ile havan ve havan mermisi de üretmeye başlayacaktı. Sonradan üzerine baskılar gelse de "Silah üretmeyeceğiz." diyecek ama gizliden gizliye bu üretimi yapacaktı ve hayatının dönüm noktalarından bir yere gelecekti Nuri Killigil. Bu dönüm noktasının adı ise Arap-İsrail Savaşı idi. Arap-İsrail savaşı olduğunda Nuri Killigil, Arap orduları için silah ve cephane üretecek ve Filistin özgürlük hareketi için ise ücretsiz olarak silah ve cephane göndererek destekleyecekti. Tabii tahmin ettiğiniz gibi bu faaliyetler Amerika için hiç de sevinilecek bir faaliyetler değildi ve bunun bedelini de Nuri Killigil ağır ödemeliydi ki, 2 Mart 1949'da saat 17.10'da fabrikada faili meçhul 3 patlama meydana gelecek, ardından koca cephane yerle bir olacaktı. Öyle ki ertesi gün dâhil olmak üzere bu patlamalar devam edecek, ardından ise fabrikadan hiçbir eser kalmayacaktı. Tabii bu olay kayıtlara bir hata olarak geçecekti ama aslında sabotaj olduğu çok açıktı. Ne yazık ki bu patlamada aralarında Nuri Killigil yani nam-ı diğer Bakü Fatihi Nuri Paşa'nın da bulunduğu 27 kişi hayatını kaybedecekti.

Perşembe 3 MART

Hürriyet

GÜNLÜK MÜSTAKİL SİYASÎ GAZETE

İLÂMLI İCRA TATBİKATI

GÜVEN YAYINEVİ - İstanbul

Dün Sütlüce'de korkunç bir infilâk oldu

General Nuri Killigil'e ait silâh ve mühimmat fabrikası havaya uçtu

Can kayıbı büyük, kat'î sayı bugün belli olacak

Şehrin birçok yerinde camlar kırıldı, köprüden geçenler bile barut kokusunu duydular, hâdise yeri kordon altında

Korkunç vakanın hazin tafsilâtı

Milletlerarası İmar ve Kalkınma Bankası Müdür yardımcısı dün Ankaraya geldi

M.Garner: "her şeyden önce ziraî istihsali arttırmalısınız" diyor

Milletlerarası Bankanın elinde, finanse edilmesi gerekli kuvvetli projeleri destekliyecek, kâfi miktarda para var

Taksicilik artık kâr vermiyor

Sağ kalanların anlattıkları

Kardeşini kaybedip bulan genç, babasını kaybeden çocuk

Dağın doğurduğu fare

Fabrikanın sahibi

Cesedi ise ne yazık ki bulunamadığı için boş tabutta defnedildi. Hemen aklınıza acı bir ölüm olmuş gibi ifadeler gelmesin. Onun ölümü acı değil askerce kahramanca bir ölüm idi. Hayatının sonuna kadar vatanı uğrunda ölmek için faaliyetler yapmaya çalıştı ve bunun bedelini de canıyla ödedi. Belki savaş meydanında değildi ama savaş meydanındaymış gibi ödedi.

Onlar bazen I. Dünya Savaşı'nda büyük hamleler yaptılar. Bazen çok büyük hatalar yaptılar. Tabii o savaşta zafer hiç de kolay değildi ya, orası da ayrı bir mesele işte…

AYRI MESELEYİ AÇMAK GEREKİRSE

Kirli planlar çoktan kurulmuş, Osmanlı çoktan masaya yatırılmış kesilmesi için çoktan pasta bıçağı getirilmişti bile. Yani bir de öyle gizli kapaklı bir savaş da değildi, o manadan dolayı değişik bir savaştı. Her şeyin planlandığı, kartların açık oynandığı ve oyuncuların rollerinin bir bir yerine getirdiği bir savaştı, ama yine şunu belirtmek gerek ki; manası da derindi. Biliyorum kafanız biraz karıştı ama şimdi ben burada zaten anlatacağım. Bir iki basit olay ile siz de rahatça anlayacaksınız. Bu arada yeni konuya geçmeden önce Nuri Paşa için bir Fatiha okuyunuz içinizden. El-Fatiha...

Avrupa Sanayi Devrimi'ni gerçekleştirmiş, 1 liraya ürettiği malı 10 liraya sömürgelerine satıyordu. Kendi zengin oldukça sömürgeleri ve pazarı konumuna getirdiği ülkelerde o derece fakirleşiyordu. Bir süre böyle devam ettikten sonra bazı şeyler yolunda gitmemeye başlamıştı. Kömür azalıyordu. Hali hazırda böyle üretmeye devam etseler tüm Avrupa'ya yetecek olan kömür, ancak 10 yıl yeterdi. Bir şeyler yapmaları lazımdı, ama ne? Önce Afrika'dan gemilerle kömür getirmeyi denediler. Bu bir süre böyle devam etti etmesine lakin çok pahalıya mal oluyordu. Başka bir çare bulmak lazımdı. Aslında bugün teknoloji olduğu için hiç durmadan bir yerlerden kömür ararlar ve bulurlardı da ama bu teknoloji o zamanlar yoktu tabii. Ne yaptılar derseniz...

Ortadoğu'yu, bu kömür enerjisinin tükenmesinden evvel gezen Avrupalı seyyahlar, askerler, diplomatlar, casuslar vardı. Bunlar Hicaz'ın o çöllerinde gezerken yorgun düşüp oturduklarında bir de sigara yakarlardı. Bu arada anlattığım bu olay öyle şakasına anlattığım bir olay değil, gerçekten var olan bir olay. Neyse konuya dönelim. Bu sigaralarını yakıp kibrit çöpünü de o kuma attıkları vakit, kumun bazen yer yer tutuşup ateşler çıktığını yani ateşler çıkardığını görüyorlardı. Ve ardından kumları bir iki metre kadar eştiklerinde ise muazzam bir şeyle karşılaşacaklardı. Siyah bir sıvıyla, yani petrolle. Avrupalı krallar bundan haberdar olur olmaz dillerinden çıkan tek söz ise: "O siyah su buraya gelecek!" olmuştu. Evet, bulmuşlardı sanayilerini devam ettirecek enerjiyi ama o siyah su nasıl gelecekti Avrupa'ya? Bu siyah sıvı Osmanlı topraklarındaydı. Avrupalı devletler ise derhal bir kongre toplanmasına karar verdiler. 1815 yılında Viyana'da Viyana Kongresi'nde toplanan düvel-i muazzama yani başta o günün Avrupa'da en güçlü devleti olan Avusturya-Macaristan İmparatorluğu, bunun yanında Rusya, Almanya, Fransa, İngiltere ve İtalya vardı. Kongre başladı ama bazı sınırsal problemler konuşuluyor, biraz da bu sorunlar geçiştirilerek konuşuluyordu. Onların bu gereksiz muhabbetinden daralan Avusturya-Macaristan İmparator'u hiddetlenerek ayağa kalktı ve:

"Baylar! Bırakın bu anlamsız muhabbeti. Kömür rezervlerimiz bir bir tükeniyorken bunlarla kaybedecek vaktimiz yok. Esas meseleye gelelim. O sıvı Avrupa'ya nasıl gelecek?"

Toplantı salonunda bulunan herkes biraz tırsmıştı imparatorun bu ani çıkışı karşısında. Ama Rus delegasyonu oldukça sakindi. İlk sözü Rusya adına aldı. Uşaklarından bir tespih getirmelerini istedi. Herkes onun gibi sakin olamıyordu ama o sakindi. Neyse işte uşaklarından biri alelacele kıytırık bir tespih bulup getirmişti. Ve ardından bunu Rus temsilciye verdi. Tespihi eline alan Rus temsilcisi ayağa kalkarak tüm salondakileri gösterdi ve: "Bu elimdeki bir tespihtir." dedi. Kimse bir şey anlamasa da herkes dikkatlice izliyordu

Rus temsilciyi. Rus temsilci ağır adımlarla masanın etrafında dolaşmaya başlamıştı. Birkaç adım daha attıktan sonra durdu ve bu defa tüm salona bakarak: "Şu an elimde tuttuğum tespihin ucundaki bu uzun şeyin adı ise imamedir. Türkler buna öyle isim vermiştir." Bu sözü söyledikten sonra tüm gözler hala onun üzerindeydi. O ise biraz daha yürüyüp masanın etrafındaki dönüşünü tamamlayarak, yerine geçip oturdu. Ardından tespihi, imamesinden tutarak masanın üzerinde zikzaklar çizmeye başladı. Masanın üzerinde bu hareketi yaparken bir yandan da konuşmaya devam ediyordu:

"Bakın, görüyor musunuz? Bu imame nereye gidiyorsa o 33 tane boncuk da peşinden gidiyor. İmame ne yapıyorsa boncuklar da aynısını taklit ediyor."

Konuşmasına böyle devam ederken sanki herkes hipnoz olmuş onu seyrediyordu. Derken, ani bir el çabukluğu ile tespihi imamesinden tutarak kopardı. Herkes şaşkınlıkla ona bakarken diğer yandan ise tespihin tüm boncuklarının masanın üzerinde dağılışını da izliyorlardı. Onlar bunu izlerken Rus elçi dağılan boncuklardan 3 tanesini alıp bir yere, 4 tanesini alıp başka bir yere, 6 tanesini de alıp diğer bir yere koymuştu ve ardından oradakilere bakarak:

"İşte yapacağımız budur. İmameyi koparmaktır. Ardından tüm boncuklar dağılacaktır. İşte o zaman bu boncuklara biz zamanla istediğimiz şekli veririz."

Evet, belki bu imame şu an hasta adam olsa da, hâlâ etkisini Müslümanların üzerinde gösteren Osmanlı'dır. Biz o imameyi tümden kopardığımız zaman o siyah sıvı rahatlıkla Avrupa'ya bir nehir gibi akacaktır." diyecekti. İşte I. Dünya Savaşı, Rus delegasyonunun bu anlattıkları kadar basitti. Halifeyi ortadan kaldırarak İslam dünyasını küçük küçük parçalara bölmek ve başta petrol olmak üzere ne kadar kaynak varsa hepsini Avrupa'ya kaçırmaktı plan. İşte tam burada "O zaman ne duruyoruz, hilafeti ilan edelim tekrar." diyebilirsiniz. Bunun gerektiğini düşünebilirsiniz ama gerekmez. Çünkü hilafet öyle ha deyince geri gelecek bir müessese değildir ve hilafetin adının gelmiş olması, hilafetin gelmiş olması demek değildir. Hilafet güç demektir. Bir düşünün şu an hilafeti ilan etsek kaç İslam ülkesi bize biat edecek? Bir ya da iki. Peki Neden? Çünkü biz tam olarak o güce ulaşmış değiliz. Bildiğiniz gibi herkes Yavuz Sultan Selim zamanında hilafet bize geldi sanır ama Fatih Sultan Mehmet bile kendisine halife derdi. Peki Neden? Çünkü o zaman ki en güçlü devlet Osmanlı'ydı. Nitekim Portekizliler gemi gönderip Cidde'yi bombalayıp, Mekke'ye doğru hareket ettiğinde Memlükler, yani o zaman ki sözde halife diye geçinen Memlükler bir şey yapamayacak ama bizim gönderdiğimiz gemiler ile ancak kurtulacaklardı. İşte halifelik budur. Halifelik güç demektir. Etkisi olmayacak bir hilafetin hiçbir önemi olmayacaktır. Bu yüzden önce güçlenmek gerek! Unutmayın, Türkiye sebeptir, İslam dünyası ise neticedir. İslam dünyasının bu halde olmasının sebebi Türkiye'dir. Türkiye'nin tam güçlü olmamasıdır. Belki görünürde belli olmasa da, bilinçaltında kurtarıcı olarak herkes Türkiye'yi beklemektedir. Çünkü bu işin özünde biz varız. Biz özümüze dönüp tekrardan Türkiye'yi güçlü bir hale getirdiğimiz de, Müslümanları birleştirmeye gerek kalmayacak. Çünkü hepsi bir boncuk olup, biz imamenin etrafında birleşecekler. İşte o zaman hilafeti ilan etmeye dahi gerek kalmayacak. Çünkü hilafet kendiliğinden ortaya çıkacak. Bizim her güçlenişimiz, esasında adı konulmamış bir hilafettir. Ve bu doğrultuda herkesin yapabileceği bir şey vardır. Unutmayın bu devletin, bu milletin değerini yükseltecek her şey; aslında hilafet için atılan bir adımdır. Bu yönde bir şeylerin sadece devletin içinde çalışılarak yapılabileceğini zannetmeyin. Bazen bir kitap yazarak da yapabilirsiniz, bazen bir öğretmenlik yaparak, bazen namuslu bir bakkal, bazen bir çoban, hatta bazen bir güreşçi olursunuz devlet için. Devletin şanı için bir şey yapmış olursunuz. Size açık bir örnek vereyim. Koca Yusuf... Koca Yusuf'u hepiniz bilirsiniz Osmanlı'nın o muhteşem "Yenilmez Adam"ı.

Belki şu an Hollywood'un sinemalarında "Yenilmez Adam" diye bazı karakterler gösteriyorlar. Ama onların gösterdikleri karakterler hayalidir. Bizim atalarımızın hayatı ise hayatın gerçeğidir. İşte Koca Yusuf da böyle bir gerçeğin var olmuş halidir. Belki sadece bir güreşçiydi o zamanlar, ama devletin şanı için adım atanlardan biriydi aslında. Sadece Türkiye'de değil, yani bu topraklarda değil; tüm dünyada tanınırdı ve hiç kimse sırtını yere getirememişti. Hiç kimseye de teslim olmamıştı. Sadece bir kere teslim olmuştu, o da kadere, Azrail'in eline...

Küçüklüğünden beri sürekli olarak onlarca pehlivan Koca Yusuf'un karşısına çıkıyor fakat hepsi kısa süre içinde yenilerek minderi terk ediyordu. Onun asıl adı ise Yusuf İsmail yani nam-ı diğer Karalar Köyü'nden Koca Yusuf idi. Hatta küçüklüğünden başlıyordu deliliği. Öyle ki köydeki danalar ile boğuşuyor, ağaç gövdelerine günde 300'e varan el-ense talimleri yapıyordu. İlk önce Deliorman'da yayılmıştı şanı, ilk oralarda başlamıştı... Daha sonra ise Balkanlar duymuştu ve şimdi ise sıra Anadolu'daydı. Yani Osmanlı'da. Tarih sahnesine ilk olarak güreş tarihimizin en büyük pehlivanlardan biri olan, tam 26 yıl boyunca Kırkpınar Başpehlivanı unvanını elinden bırakmayan Kel Aliço ile yaptığı güreşte çıkacaktı ortaya.

O müsabakaya 1815 yılında, 28 yaşındayken Deliormanlı lakabı ile katılmıştı. Rakibi büyüktü, Koca Yusuf ise o zamanlar Koca Yusuf değil, henüz Deliormanlı idi. Bir tarafta 26 yıllık Kırkpınar Başpehlivanı Kel Aliço, diğer yanda ise Deliormanlı Yusuf vardı. İki pehlivan ufak ısınmalardan sonra güreşe başladılar ve hava kararana kadar güreştiler ama bir türlü yenişemediler. Ne olduysa oldu, güreş devam ederken aniden Kel Aliço güreşmeyi bıraktı ve Deliormanlı'yı alnından öperek:

"Bu meydan bundan sonra artık senindir. Senin gibi bir pehlivan ortaya çıktıktan sonra gözüm arkada kalmadan ayrılacağım buralardan. Ödül de başpehlivanlık da senindir." diyerek Deliormanlı Yusuf'u, Başpehlivan Koca Yusuf olarak ilan etti. Kolay değil, Koca Yusuf'tu o. 2 metreye yakın boyu, 150 kiloya yakın ağırlığı ile adeta bir devdi. Lakin Koca Yusuf lakabını bu devasa cüssesinden dolayı değil, güreşteki mahareti ve en çok da ahlakı ile almıştı. Artık tüm Balkanlar, tüm Anadolu, tüm Osmanlı tanıyordu onu. Ama bu Koca Yusuf için yetmezdi. Kendisi bu kadar ünü çok istemese de daha fazlasını hak ettiği aşikârdı ve sıra bu defa Koca Yusuf'un Avrupa macerasına gelmişti. Bugün kazanmasını sağlayan bir Avrupalı olacaktı.

Fransız güreşçi Joseph Doublier diyar diyar gezerek güreşecek birilerini arıyordu. Yıllar 1894'ü gösterdiğinde Doublier Türkiye'deydi. Koca Yusuf ile tanıştı, Fransa'ya götürmek için çok uğraştı ama bir türlü yanaşmıyordu Koca Yusuf Avrupa'ya gitmeye. Daru'l-harp toprakları idi oralar. Vatanından, Osmanlı'dan ayrılıp da vahşi Avrupa'ya gitmek istemiyordu. Doublier de kolay vazgeçeceğe benzemiyordu. Böylesine bir güreşçiyi hayatında ilk defa görmüştü ve belki bir daha da göremeyecekti. Tüm dünya onu tanısın istiyordu. Hemen üst düzey bürokratlar ile görüşmeye başladı, derken vaziyet Sultan Abdülhamid Han'a kadar uzandı. Koca Yusuf başta yurt dışına çıkmayı kabul etmediyse de; Sultan Abdülhamid'in teşviki ve Müslümanların güçlü olduğunu tüm dünyaya haykırmak için Avrupa'ya gitmeyi kabul edecekti. Avrupa'ya, o Vahşi Batı'ya!

1894 yılında Doublier ile birlikte Fransa'ya gitti Koca Yusuf. Orada Avrupalıların minder güreşi kuralları ve grekoromen güreşini öğrendi. Tam 3 yıl kaldı Fransa'da. Rum, İngiliz, Fransız ve daha birçok milletten Avrupalı güreşçilerle çıktığı her müsabakayı kazanıyordu. Hâlâ onu yenen birileri çıkmamıştı. Rakipsizdi artık, dönemin en iyi güreşçilerinin hepsini yenmişti. Hem de sırtı bir kez bile yere gelmeden. En önemlisi de Koca Yusuf, Osmanlı'nın uzun siyasi dönemler geçirdiği o anlarda Avrupalı gazetelere "Türk için çok kolaydı!" manşetini arttırmıştı. Hem de her müsabakanın sonunda ve her seferinde.

Balkanlarda Deliormanlı lakabı ile güreş hayatında parlayan Yusuf İsmail, Osmanlı'da Koca Yusuf olmuş, Avrupa'da ise Türk için çok kolaydı diye manşetlerin atıldığı "Yenilmez Türk" olmuştu. Artık Avrupa'da rakip bulamıyordu Koca Yusuf. Şimdi de Amerika'ya göndereceklerdi onu, amaçları ise bu pehlivanın sırtını yere getirecek bir Batılının ortaya çıkmasıydı. 1897 yılında davet bu defa Amerika'dan geldi. Daveti kabul eden Koca Yusuf hemen Amerika'ya gitti. Tam 33 maça çıkardılar onu ama hepsinde de galip oluyor ve sırtını kimse yere getiremiyordu. Olmuyordu bir türlü, kimse O'nun sırtını yere seremiyordu. Son çareye başvuracaklardı artık. Koca Yusuf'u dünya şampiyonu olan Lewis'in önüne atacaklardı. Ama bu bile onlara fayda vermeyecekti. Yenilen pehlivan Batı, güreşe doymuyordu. Koca Yusuf dünya şampiyonu olan ve hiç yenilmemiş adam olan Lewis'i üst üste tam iki defa yenerek yeni dünya şampiyonu olacaktı.

Koca Yusuf için Avrupa'da olmadığı gibi, yeni kıta Amerika'da da rakip kalmamıştı. Cüssesi, heybeti, ihtişamı ve ahlakıyla dünyada dilden dile yayılıyordu. O artık ne Deliormanlı'ydı, ne Koca Yusuf'tu, ne de "Türk için çok kolaydı!" manşeti arttıran bir pehlivandı. O artık "The Terrible Turk" idi.

THE TERRIBLE TURK

Will Wrestle Roeber for the World's Championship

NEW YORK, March 18.—The managers of the two famous strong men and wrestlers, Yousouf and Roeber, are announced to meet tomorrow and make final arrangements for a wrestling match for the championship of the world.

YOUSOUF.
("The Terrible Turk")

Yousouf, or "the terrible Turk," as he is called, has conquered all the famous strong men of Europe and the orient. He has issued a challenge to any who desire to meet him, and has placed [illegible] on deposit as a forfeit should he back out. Ernest Roeber, the American champion wrestler, who is announced to meet the Turk, has won many victories in this country. He says he feels confident of defeating the Turkish wonder.

Yani o artık "Korkunç Türk" lakaplı Koca Yusuf idi. Tüm dünyayı korkutmuştu. Dünya çapında unvanı buydu artık.

Sırtı yere gelmeyen pehlivanın güreş macerası burada sona erecekti ama hayat macerası burada bitmeyecekti. Belki hayat macerası da burada bitmeyecekti ama hayatının bitmesine de az kalmıştı. Ölecekti ama ölürken de gerçekten bir Türk gibi ölecekti.

SANA MEDENİYET DİYENİN...

21 Mayıs 1898'de Fransa bayraklı bir gemi ile önce Avrupa'ya, oradan da Osmanlı'ya gitmek için yola çıkacaktı Amerika'dan. Atlas Okyanusu'nun ortasında Fransız bayraklı bir gemi içindeydi. Hava sisli ve göz gözü görmüyordu. "Korkunç Türk" Osmanlı'sına, vatanına geri dönüyordu. O soğuk havada Koca Yusuf ise güverteye çıkmış vatanını düşünüyordu. Fakat bir anda ne olduysa oluyor ve içinde 771 yolcunun olduğu Fransız bayraklı gemi ile İrlanda bayraklı gemi çarpışacaktı. Çok geçmeden gemi suya batmaya başlamış, insanları ise bir panik kaplamıştı. Herkes canını kurtarmak için kaçıyordu ama okyanusun ortasında kim nereye kaçabilirdi ki? Dile kolay 721 yolcu ve bu yolcuların hepsini alamayacak kadar az filika. Kimileri suyun derinliklerine karışırken, kimileri de filikalara binip canını

kurtarmaya çalışıyordu. Yalnızca o! Koca Yusuf bu iki gruba da dâhil değildi. Herkes can havliyle filikalara koşarken kahraman pehlivan ölüm kalım sırasında herkesi filikalara doldurdu. Ama kendisini filikalara koymayı unutmuştu. Hz. Peygamber Efendimiz de buyuruyor ya: "Bir insanı kurtaran bütün insanlığı kurtarmış gibidir." İşte o, bu inançla hareket etmiş, herkesi kurtarmaya çalışmış ve ne yazık ki hiçbir filikada kendisine yer kalmamıştı. Ama bu sırada bir filika görecek ve kenarına tutunacaktı. İşte o anda kurtulacağını anlamıştı. Ümit etmişti belki de. Elleri ile filikanın kenarını tutmuşken vücudu okyanusun o soğuk sularındaydı. Kendini toparlar toparlamaz bir elini filikanın içerisindekilere uzattı ve "Beni içeri alın." dedi. Bu bir yalvarma değildi. Kahramanlığını yapmış, pehlivanlığının gereğini yerine getirmiş ve şimdi de filikaya binme sırası ona gelmişti, ama ne çare... O Türk'ten korkacaklardı. O pehlivanın heybetinden, cüssesinden, ağırlığından korkacaklardı. En çok da, kendilerini kurtaran filikalara dolduran bu iri pehlivanın filikaya bindiğinde filikanın devrilmesinden korkacaklardı. Ama ne olursa olsun bu Koca Yusuf'tu. Kolay kolay vazgeçmeyecekti, sıkıca tutundu filikaya. Fakat o ne kadar Koca Yusuf olsa da, karşısındakiler vahşi batılılardı. Önce yüzüne sonra da kafasına kürekle vurdular ama kolay olmamalıydı. Koca

Yusuf vazgeçmedi, yüzü gözü kanlar içinde iken yeniden tutundu. Bu kez vahşetin, barbarlığın en kötüsü geldi Avrupalılar'ın aklına. Filikadakiler, yani korkaklar, yani barbarlar, yani Batılılar Koca Yusuf'un baltayla ellerini kestiler. İşte bu Deliormanlı için sondu. İlk ve son defa yenilmişti. Merhamet gösterdikleri ona zulmetmişti. En verimli çağında, gencecik yaşında okyanusun derinlerine karışacaktı. O devdi, yükü ağırdır devin, kolay kolay kimse taşıyamazdı. Öyle de oldu. Korkak Avrupalılar taşıyamadı pehlivanın yükünü. Ve en kötüsü de ne biliyor musunuz? "Türk gibi güçlü." sözünün zuhur etmesine en büyük etken olan Koca Yusuf'un, bugün ziyaret edip başında Fatiha okuyabileceğimiz bir mezarı bile yok ne yazık ki... Evet, Koca Yusuf işte böyle biriydi. Aslında biraz konudan konuya geçtik ama bunu, yani onu, Koca Yusuf'u anlatmasaydım içimde kalırdı. İşte gördüğünüz gibi bazen bir güreşçi olursunuz ama en zor zamanlarında devletinizin şanını yükseltecek hamleler yapar ve bedelini acıyla ödersiniz. Neyse onun da ruhuna birer Fatiha okuyalım şimdi. El-fatiha...

Aslında Koca Yusuf oralara hiç gitmek istemedi. Ama oralara gitmesi için bir sebep doğmuştu. O da, vatan ve milleti için bir şey yapmış olmak isteğidir ve bazen böyle yollara çıktığınızda sonunda ödül dahi alamayacaksınız. Bazen Koca

Yusuf gibi mezarınız olmayacak, bazen de Yemen Şehitleri gibi unutulacaksınız. Hatta öyle ki "Ah o Yemen'dir..." türküsünü okuyacak da, hikâyesini bilmeyeceksiniz. Ha bilgi yok mu, derseniz... Aslında haklarında bilgi var ama bu bilgiler sadece pek halka açılmıyor, unutturulmak isteniyor. Onların hayatını okudukça, bazen sonlarınızın onların sonları gibi olabileceğini görecek ve kendinizi en kötüsüne hazırlamayı bileceksiniz. Kim bilir belki de şehadet olmaz lakin vatanınıza geri dönmek bile ağır gelecek onları okudukça.

AH O YEMEN'DİR...

Kahvesi, türküsü ve unutulmuş şehitleriyle, daha doğrusu "şehitlerimizle" andığımız ama çoğu Avrupa ülkesinden daha az bildiğimiz bir ülkedir Yemen. Yemen'in "ağabey" dediği devlettir Osmanlı. Kendi rızası ile tâbi olmuştur Osmanlı'ya. Aralarında küçük tartışmalar olsa da kendisini Osmanlı'dan ayrılmaya uygun bulmayan kardeş ülkedir Yemen. Sahabeler diyarıdır. Ebu Hureyre'nin, Muaz Bin Cebel'in Yemen'idir. "Yemen Ellerinde Veysel Karani" ilahisinin Yemen'idir.

Osmanlı'nın Ortadoğu'da havlu atmasının ardından kan ve gözyaşının hiç durmadığı ülkelerden biri olan Yemen, Yavuz Sultan Selim Han tarafından Mısır fethedildiğinde Memlükler'e bağlıydı aslında. Yavuz'un Memlükler'i yıktığını duyan o zamanın Yemen Valisi İskender Bey, hemen hiçbir itirazda bulunmadan ilk cuma günü halkı Yemen'in merkez camisinde toplayacak ve bizzat kendisi minbere çıkıp o günkü hutbeyi Osmanlı Sultanı İslam Halifesi Yavuz Sultan Selim Han adına okuyacaktı. Böylece biz oralara asker göndermeden, savaşmadan kendi istekleriyle Osmanlı'ya katılacaklardı. Aslında Yavuz'un Mısır'ı fethinden sonra gidip Yemen'i alma gibi bir düşüncesi de yoktu. Ama yine de İskender Bey o cuma hutbesini okuyarak Osmanlı adaletini Yemen topraklarına davet edecekti. Bu olayın haberi Yavuz Sultan Selim Han'a ulaşır ulaşmaz, İskender Bey'e "Paşa" unvanı verildi. Yavuz onu "İskender Paşa" ilan edecek ve böylece artık Yemen de bir Osmanlı toprağı olacaktı.

Yemen yıllar boyu Osmanlı toprağı olarak kaldı ama Osmanlı oranın idaresine hiçbir zaman karışmadı. Özerk bir bölge statüsünde olan Yemen'in kuzeyinde Zeydî imamlar, güneyinde Sünni âlimler yıllar boyu yetki sahibi oldu. Yıllar yılı rahat yaşayıp tek tük sıkıntıları olan Yemen, 1840'lı yıllara gelince bir sorun ile karşılaşacaktı. Sömürgeciler! 1840'lı yıllara gelindiği vakit İngilizler, kendileri uzak doğudaki sömürgelerine ulaşmada zorluk çekmesinler diye; Yemen âlimlerinden ve önde gelen kanaat liderlerinden donanmaları için kömür stok edebilecekleri bir bölgeyi kiralamak isterler. Asıl amaçları ise daha fazla sömürgeye ulaşmak için Yemen'i üs olarak kullanmaktır. İngilizlerin o yer için teklif ettikleri para miktarı da oldukça fazla olunca bölge imamları orayı İngilizlere kiralamıştır. İngilizlerin gelip Yemen topraklarına yerleştiğini öğrenen Osmanlı, durumun ciddiyetini ve olayın perde arkasını anlayınca oraya müdahale etmek zorunda kalır. Ama Osmanlı müdahale edinceye kadar İngilizler misyonerlik yani Hristiyanlaştırma faaliyetlerine başlamış ve verimli sonuçlar almayı da başarmışlardı. İngilizler Hristiyanlığı oraya yaymaya başlamışlar ve çeşitli vaatlerle, altınlarla bazı din adamlarını Osmanlı'ya karşı kullanmak için satın almış ve bir nebze olsun anti Osmanlıcılığın ateşini yakarak, hoşnutsuzluk ortamının temelini atmayı da başarmışlardı. Artık fitne Yemen'e de düşecekti.

Yemen'de bunlar olurken Osmanlı ise son dönemlerini yaşaması hasebiyle idare zayıflığı içerisindeydi. Başkent İstanbul'da işe yaramayan ve sorunlu ne kadar bürokrat varsa hepsi sanki bir sürgün yeri imiş gibi Yemen'e gönderiliyordu. Önce İngilizlerin o topraklara ektiği fitne tohumu, ardından da idare zayıflığı içinde olan Osmanlı'nın gönderdiği sıkıntılı bürokratların sorumsuz davranışları bölgedeki hoşnutsuzluğu oldukça arttırmaya başlamıştı. Ve en sonunda İmam Yahya İsyanı'nın patlak vermesi sonucu

Osmanlı oraya müdahale edecek ve Osmanlı oraya müdahale ederken ise içimizdeki bazı kişilerin (ki bu size tanıdık gelecektir) "Bizim Yemen'de ne işimiz var?" sözleri ayyuka çıkmaya başlayacaktı. Hâlbuki bunu Osmanlı'ya soranlar bir kez bile gidip; İngilizlerin, İranlıların, Portekizlilerin o topraklarda ne işi var diye sormamışlardı. Hâlbuki orası özerk bir konumda olsa bile yine bizim toprağımızdı. Hadi bizim toprağımız bile olmasa, yine de oraya müdahale etme hakkımız olur. Çünkü sen sınırlarındaki soruna müdahale etmez isen, o sorun yarın sınırlarında değil, sınırlarının içindeki sorun olacaktır. İkinci olarak başta da söylediğim gibi, biz oraya askeri bir güç ve yahut zorba bir sömürgeci olarak değil, bizzat Yemen halkı ve İskender Bey tarafından davet edilmiş bir adalet ustaları olarak gitmiştik ve şimdi de aynı inançla oralara gidiyorduk. Biz oraya gidiyorduk ama inanın bugün yaşadığımız sorun o zaman da vardı ve içimizdeki bazı kesimler ki, bunların beyni Edirne ile Kars arasına sıkışmış, materyalist faydacılardan başka kimse olmayandır. Bu zihniyet ise "Ne işimiz var oralarda?" sözlerini tekrar tekrar söylüyordu. Son olarak da hem ticaret yolunun kavşak merkezi idi, hem Süveyş Kanalı'na giden yolun kontrol noktası idi ama her şeyden öte Yemen'i İngilizlere teslim etmek demek Osmanlı'nın güvenliğini, bundan da önemlisi kutsal toprakların yani Mekke ve Medine'nin güvenliğini İngilizlere emanet etmek olurdu. Neyse Yemen'de bu isyanlar olurken Osmanlı'da büyük bir askeri ve diplomatik savaşın içerisindeydi. Nitekim Yemen'e göndereceğimiz askerimiz de yoktu. Daha doğrusu bu isyanı bastırabileceğine inandığımız bir askerimiz yoktu. Bu isyanın bir şekilde bastırılması için çare aramaya başlanacak ve Osmanlı son kozunu oynayacaktı ki bu son koz Yemen Türküsü'nün içinde saklıdır:

Havada bulut yok, bu ne dumandır
Mahlede ölüm yok, bu ne figandır
Şu Yemen elleri ne de yamandır...

Ah o Yemen'dir, gülü çimendir
Giden gelmiyor, acep nedendir?

Burası Huş'tur, yolu yokuştur
Giden gelmiyor, Acep nedendir?

Kışlanın önünde redif sesi var...

...deyip durmak gerek sayın okuyucu. Çünkü burası hep geçilir ama sır burada saklıdır. Nedir o "Redif"? Nedir bilir misiniz? Osmanlı'nın son kozu olan hamlesidir. Redif, asker demektir. Ama normal asker değil...

Osmanlı'da 5 yıl zorunlu askerlik vazifesini tamamladıktan sonra askerler evlerine dönerlerdi. Bu askerler ise devletin ihtiyacı olduğu takdirde tekrar 7 yıllığına askere geri çağrılırlardı. İşte bunlara redif askerleri denirdi ki, bunların çoğu da evli, barklı, çocuklu olan iş düzeni kurmuş kişilerden oluşuyordu. Osmanlı da Yemen'e gönderecek asker bulamadığından dolayı bu redifleri askere çağırmış ve Yemen Cephesi'ne sürmüştür. Anadolu ve Balkanlar'dan birçok baba ve eş böylece Yemen Cephesi'ne vatan savunması için gitmişti. Burada şunu söylemekte fayda var ki, bizim analarımız 20 yaşındaki evladını kınalayarak davullarla zurnalarla vatan borcunu ödesin diye askere gönderirken, bu redif askerler de tam tersi olmuştu. Evini kurmuş, çocuğu olmuş, işini düzene sokmuş bu askerler cepheye giderken anaların gözü yaşlı, hanımlar feryat içinde, çocuklar ise ne olduğunu anlamadan burukluk yaşarken gitmişlerdi babalar askere. Bu nedenle redif askerlerimiz feryadı figanlarla askere gönderilmişti. En acısı da bu askerlerimiz daha Yemen'e varmadan, henüz gemideyken birer birer şehit olmaya başlamışlardı ama bu şehitlik kurşunla değil, zorlu hava şartlarından dolayı olacaktı. Dediğim gibi çoğu İngilizlerin ya da isyancıların kurşunuyla değil, açlıktan ve hava şartlarından dolayı şehit olacaktı. Bu konuda Yemen Valisi Mehmet Tevfik

Bey ise şöyle bir rapor aktarmakta:

"...erzaksızlıktan günlük olarak 300'e varan asker ölüyor. Askerlerimiz açlıktan kuşları avladığı için artık semada kuş bile uçamaz oldu. Açlığın vermiş olduğu kısmî akıl kayıplarından dolayı bazı askerler bir lokma için birbirini öldürüyor. Açlık dayanılmaz hale geldi. Yük taşıyan at ve develeri kestik yedik. Artık yiyecek eşek, katır ve süvari bineği kalmadı. Şimdilik gelen 6000 asker, bir ayda 2000 askere düştü. Elde kalan askerler ise savaşamayacak kadar bitkin..." bu rapor daha da uzun ve daha fazla içler acısı ama neyse biz normal olarak devam edelim. İşte Yemen Cephesi'ndeki bu durum daha da kötüye giderken, geri dönülmez bir hal almaya başlamıştı. Askerlerimizi geri çekecek gemimiz bile kalmamıştı. Bırakın bizim gemimizi, oraya uğrayan gemi sayısı bile çok azdı. Bizim askerlerimizin çoğu bir buçuk ay Yemen limanlarında yatıp kalkmış ve vatanlarına geri dönmenin çaresini aramaya başlamışlardı. Çoğu da limanda beklerken bir bir can veriyor ve günde 30 civarı askerimiz de o zaman şehit oluyordu. Diğer yandan ise bir şekilde yolunu bulup İskenderun'da karaya çıkan askerlerimiz ise, orada kaderine terk ediliyordu. Tamam, belki bir şeyler neden yapılmadı, diyebilirsiniz ama ne yapabilirdi ki, ortada devlet mi kalmıştı? Askerlere yardımcı olacak bir devlet yoktu ortada. Artık her yerde savaş vardı ve devlet her cephede savaşıyordu. Aslında burada, o günlerin ne kadar zorlu ve ne kadar çetin olduğunu anlamanız lazım. İşte bu millet o çetin günlerin, o imkânsızlıkların üzerine bir devlet kuracaktı. Neyse biz konuya devam edelim. İşte o vakit askerler çoğu tahliye edilemeyecek ve daha çok kendi istekleriyle yuvalarına dönmeyeceklerdi. Bir dakika, burada da dur sayın okuyucu. İnsanın "Ulan vay bee..." diyerek iç geçirip gözyaşı dökeceği yerdir burası. Lütfen metroda, kütüphanede, otobüste, yolda kısacası toplum içindeysen bu satırları okurken dikkatli ol. Birazdan aklın, yerini duygulara bırakacak ve belki de ağlayacaksın. Şimdi sakin ol ve devam et...

Şimdi size Anadolu'nun yaşadığı en acı tecrübelerin birinden bahsedeceğim. Bu tecrübe, belki şu anki mevcut şartlarda bulunan TSK mensubu askerlerimizin başına gelmeyebilir ama o zamanki Osmanlı askerlerinden Yemen Cephesi'ne gidenlerin hepsi yaşamıştı bunu. Yemen'e giden askerlerimizden aileleri yıllar boyu haber alamadı. Çocuklar senelerce baba nedir bilmeden büyüdü. Analar evlatlarından bihaber yaşadı. Eşler hanımlar, kocalarından asker eşlerinden hep bir haber beklediler. Ama ne çare... Ne ses vardı Yemen'e giden redif askerlerinden, ne de bir haber. Ve sonunda... Aslında olağan, ama toplum içinde çok olmayan bir âdet tekrar artmaya başladı. Askerlerden senelerce haber alınamadığı için askerlerin babaları, gelinlerini, askerin küçük kardeşiyle evlendirecekti ve o insanlar, redif askerlerinin babaları olan o koca yürekli adamlar, bunu sırf gelini telef olmasın, yabancı ele gitmesin ama her şeyden öte yeni gelecek olan üvey baba şehitlerin çocuklarına kötü davranmasın diye yapmışlardı. Ah ulan tam burası beni yakıyor işte sayın okuyucu. İşte sırf yeni gelecek o üvey baba, şehidin çocuklarına kötü davranmasın diye gelinini, o şehidin belki de haber alamadığı ama yaşadığı askerinin kardeşiyle evlendirecekti. İşte böylesine hassas insanlardı onlar, böylesine koca yürekli Anadolu adamlarıydı onlar. Şimdi ise neden o askerlerin geri dönmediğine gelirsek, işte onlar da sırf böyle bir manzara ile karşılaşmamak için geri dönmüyorlardı. Çünkü onlar da biliyordu; eşleri asla sahipsiz bırakılmayacak ama geri dönerlerse de şunu çok iyi biliyorlardı ki, bu sefer kardeşleri için ayrı bir hüzün olacak. Her şeyden öte evlatları için ayrı bir zorluk olacak. İşte bu millet böylesi fedakârlıklar üzerine devlet kurdu sayın okuyucu. Bir de şunu eklemek isterim. Savaş bittikten sonra, devlet rahatladıktan sonra Cumhuriyet döneminde o redif askerlerin gelmesi için bazı hamleler yapılabilirdi ve ne yazık ki bu hamleler yapılmadı. Ha amacım buradan birine karşı bir nefret tohumu ekmek değil yanlış anlamayın, ama ne yazık ki hatalardan biri de buydu. Belki unutuldular, belki de hatırlanmak istemediler artık orası tarihin vicdanına kalmış. İşte böyle olmuştu. Olayı tamamlamak gerekirse o isyanı başlatan imamdan da bahsedeyim. İmam Yahya hakikatli insanmış ki, savaşta kaybeden taraf biz olduğumuz halde askerlerimizin hiçbirini İngilizlere teslim etmedi. Normal şartlar altında savaşın kurallarına göre yenilen taraf askerlerini galip tarafa esir olarak verir. Lakin İmam Yahya hatasını anlamış olacak ki bizim hiçbir askerimizi İngilizlere teslim etmeye yanaşmayacaktı. Onlar redif askerleridir, onlar Müslümandır, benim kardeşimdir dedi ve ardından hemen hemen tüm Yemen halkı evlerini bizim askerlerimize açtı. Evlerini açtılar, yedirdiler, içirdiler, giydirdiler, iş verdiler, iş buldular hatta o derece ki yeri geldi kendi kızlarını dahi bizim askerlerimiz ile evlendirdiler. Çünkü onlar da şunu çok iyi görmüşlerdi ki, bu millet aslında İslam'ın koruyuculuğunu üstlenmiş son milletti. Aslında gerçekten de öyle idi bu millet. Hani kendini övüyor gibi görünmesin ama hakikaten Allah-u Teâla'nın resmen yeryüzünde zulüm olduğu zaman görevlendirdiği bir ordu gibiydi bu millet. O gün belki düşmüştük ama elbet bir hikmeti vardı. Bazen Allah o nesil artık tükendiği vakit, yeni bir nesil diriltmek için düşürür o nesli. Hz. Musa ve kavmi misali... Nitekim Hz. Musa'ya tam inancı olmayan ama peşinden giden, hatta Hz. Musa Allah-u Teâla ile konuşmaya gittiğinde ardından bir buzağı heykeli yaparak ona tapan halkı, Hz. Musa'nın peşinden giderken çöllerde, yollarda vakit harcattıracak neredeyse kırk yıl geçecekti. Ve ardından refah bir hayat verecekti. İşte buradaki yola dikkat edin çünkü kırk yılda bir nesil gider, diğer bir nesil gelir. Eski nesil temizlenir, yeni, taptaze bir nesil gelir. Zaten devrimler aslında hep bu nesiller, genç kişiler ile yapılır. Nitekim Hz. Peygamber de gençler ile devrim yaptı, bilirsiniz. Yanında yaşlı kişiler de vardı ama gerçekten bir incelemeye alırsanız Hz. Peygamber'in davasına, İslam'a omuz verenlerin hep gençler olduğunu görürsünüz. Bu yüzden gençleri önemsemek gerek, ama ben bu sözü yaşlılar okusun diye de yazmıyorum. Şu an ey genç adam! Sen oku diye yazıyorum. Kendini önemse diye yazıyorum. Sen de bir gençsin, bunu unutma! Sen de belki dünya çapında bir devrim yapabilirsin diyorum. Belki tek başına yapamasan da bir devrimin içinde olabilirsin. Bu yüzden kendini geliştir ve hep dediğim gibi oku oku oku! Kendini kıyamet savaşına hazırla. Çünkü inancımız o ki İsrail'e de, Deccal'e de karşı olacak bir millet var ise, o da bu milletin evlatları ve bu milletin himayesinde olan kişiler olacak. Hatta bu sadece bizim inancımızda yazmaz, Yahudilerin Tevrat'ında bile yazar.

İsrail'i tarihten silecek kavim, kuzeyden gelecektir!

Tevrat şöyle haber veriyor:

"Yehuda'da bildirin ve Yeruşalim'de işittirin: Memlekette boru (siren) çalın. Yüksek sesle bağırın ve deyin: Toplanın da duvarlı şehirlere (sığınaklara) girelim. Siyon'a doğru bayrak kaldırın (ya teslim olun); (ya da) kaçıp sığının. Durmayın! Çünkü ben (Yehova), şimalden (kuzeyden) üzerinize bela ve büyük kırgın getireceğim! Arslan yerinden kalktı ve milletleri helak edici (kavim) yola düştü. (O), Şehirlerin harap olsun, oturanı kalmasın diye, senin diyarını viran etmek için yerinden kalktı." (Yeremya, Bap 4, Ayet 5-7).

Yeremya'nın işaret ettiği o gün, büyük ihtimalle İsra Suresi'nde bahsi geçen şu vaade tekabül ediyor:

"Ey İsrail oğulları! Birinci helâkınızdan (yani Nebukadnezar ve Romalıların sizi yurtlarınızdan sürüp çıkarmasından) sonra, onlara karşı size tekrar egemenlik (devlet) verdik. Mallar ve çocuklarla sizi güçlendirdik; sayınızı daha da çoğalttık. Eğer iyi ve dostça davranırsanız iyilik ve dostluk bulursunuz. Kötülük yaparsanız yine kendinize yapmış olursunuz. Son (iki bozgunculuktan sonuncusu) bozgunculuğun zamanı gelince, yüzünüzü kara etsinler, daha önce girdikleri gibi yine mescide (Beyt-i Makdis'e) girsinler ve ellerine geçirdikleri her şeyi yerle bir etsinler diye (üzerinize yine düşmanlarınızı göndeririz.)" (İsra, 6-7)

Sizce Tevrat'taki o haber ve Kuran'daki bu ayet kime işaret ediyor dersiniz? Zaten Yahudiler bir kere yenildi ama şimdi sıra ikinci yenilgide ve bunu daha yaşamadılar ki, bu da kıyamet yenilgisi olacaktır. Onlar da Kuran'da yazanın farkında ve onlar da kendi kitaplarında dahi yazan ayetlerinin farkında. Aslında inanır mısın, bir biz farkında değiliz bu durumun. Biz nasıl bir yükün altındayız hâlâ bunu anlamış değiliz. Ama inan sayın okuyucu bu millet Allah'ın kılıcı olması için yeryüzünde var ettiği bir millet gibi adeta. Hatta bir ayette, dur yerini de söyleyeyim: Maide suresi 54. Ayette buyuruyor ya;

"Ey iman edenler! Sizden kim dininden dönerse, (bilin ki) Allah onların yerine öyle bir topluluk getirir ki, Allah onları sever, onlar da Allah'ı severler. Onlar mü'minlere karşı alçak gönüllü, kâfirlere karşı güçlü ve onurludurlar. Allah yolunda cihad ederler. (Bu yolda) hiçbir kınayıcının kınamasından da korkmazlar. İşte bu, Allah'ın bir lütfudur. Onu dilediğine verir. Allah lütfu geniş olandır, hakkıyla bilendir.

Sence Allah burada kimden bahsediyor dersin? Amacım her şeyi kendimize çekmek değil ama burada Allah-u Teâla'nın ve Tevrat'ta yazan o şeylerin resmen bize işaret ettiği açıktır. Zaten ne demiştik? "Yitik düştüğü yerde aranır." Nitekim hilafette, Müslümanların gücü de burada düşmedi mi? Elbet burada düşen tekrar buradan kalkacaktır. Zaten bizim Anadolu'ya gelmemiz tesadüfi değildir. Kaderin bizi buraya yerleştirmesidir. Konuyu çok uzatmaya gerek yok ama şunu da belirtmek gerekir ki, inanın iyiden iyiye kıyamete yaklaşmaktayız. Bu doğrultuda kıyamet alametleri de bir bir gerçekleşmekte.

Bu doğrultuda şunu da belirtmek gerekir ki, adamlar aslında İslam'a inanmıyor ama bir köşeye de atıp geçmiyorlar. Yani anlayacağınız adamlar bizim varlığımızı da, bulunduğumuz konumun önemini de ve hatta bu tür kıyamet alametlerini de alelade şeyler olarak görmüyorlar. Zaten Armageddon Savaşçıları'nı duymuşsunuzdur. Evet, belki çoğumuz Kurtlar Vadisi dizisinden duydu ama inanın sadece bir dizide geçen ifadeler ya da hayali karakterler kadar basitleştirilecek ifadeler değil. Adamlar kıyamet savaşına inanıyor. Hatta bahsettim mi tam hatırlamıyorum ama adamlar kıyamet kopmadan önce Mehdi'nin gelip kendilerini kurtaracağına inanıyor ve işte bu yüzden adamlar kıyameti hızlandırma projesine dahi giriyorlar. Yani ne demek bu şimdi, diye soracak olursanız... Demem o ki: Adamlar sırf kıyamet yaklaşsın, hemen olsun diye kıyamet alametlerini gerçekleştirmek istiyorlar. Nitekim kıyamet öncesi, ahir zamanda çok kan akacak her yerde savaş olacak, diye aslında hem bizim hem de onların dininde böyle kıyamet alametleri var. Adamlar sırf bu düşünce içine girip her yerde savaş çıkartıyorlar. Tabi tek sebep bu değil. Arada petrol silah ve başka şeyler de var ama inanın temelinde bu Evangelist inanç yatıyor. Yani onlara göre "Tanrı'yı kıyamete zorlama" projesi. İşte bu yüzden bu adamlara karşı son derece bilinçli hareketler ve hamleler yapmalıyız. Nitekim adamlar gerçekten derin planlar kurmakta ustalar, bunu söylüyorum. Ama şunu da ekleyeyim ki onların derin plan kurması, bizim kuracağımız derin planlar doğrultusunda yıkılacaktır. Bunu moral olsun diye söylemiyorum. Mesela şöyle örnek vereyim. Örneğin, hangi örneği versem… Hah bu boğazlar örneğini vereyim. Biliyorsun boğazlar ne yazık ki tam olarak bizim yönetimimizde değil. Ha bu Lozan 2023'te bitecek boğazlar tamamen bizim kontrolümüzde olacak gibi dedikodular var, aslında böyle bir şey de yok. Lozan süresiz bir antlaşmadır ve ancak Türkiye Devleti güçlenirse biter. Nasıl bitecek yani dersen... Yanisi şu ki sayın okuyucu: Türkiye güçlenip ben bu antlaşmayı tanımıyorum arkadaş, dediği an biter Lozan'ın ömrü. Ne ise lafı çok uzatmadan konuya döneyim.

Biliyorsun 1936'da Montrö Boğazlar Sözleşmesi imzalandı. Peki bu antlaşmada ne yazıyordu? Bu boğazdan bütün gemiler hesap vermeksizin, kaptan kılavuz gemi almaksızın, para vermeksizin, ne taşıdığının bilgisini vermekle beraber aranmaksızın geçme hakkına sahiptir. Peki, bunun süresi ne kadar, meselesine gelince: Son madde diyor ki: "Bu antlaşma 20 yıl süre ile geçerlidir." Dur dur kafan karışmasın. 20 yıl dedim evet. Aslında Montrö fiilen 1956 yılında bitti.

E kardeşim bitti de niye bu devam ediyor şimdi, diyorsun değil mi? Hemen anlatayım. Oradaki diğer maddede ise, yani devam maddesinde "Başka bir alternatif olmadığı için gemiler hesap vermeksizin geçişe devam edecektir." Dur şimdi burada sayın okuyucu. Ne diyor bir daha bak. Başka alternatif yok ise. Şimdi soruyu biz soralım. Ya başka alternatif var ise? Veya başka alternatif oluşturursak? Hah şimdi otur, kartları yeniden dağıtacağız. Ben kartları dağıtırken senin aklına hemen ne demek istediğim geldi değil mi? Evet, ondan bahsediyorum. Kanal İstanbul'dan. İşte Kanal İstanbul burada çok önemli. Ve işte bu yüzden Kanal İstanbul istenmiyor. Çünkü ben ne diyeceğim o gemilere:

– Dur arkadaş buradan geçemezsin!

– Ya niye geçemem?

– E arkadaş risk var.

– Peki, kim geçecek buradan?

– Turizm amaçlı gemiler geçebilir, tur yapabilir.

– Peki ya diğerleri ne yapacak?

– Diğerleri mi? Hadi arkadaş, sen Kanal İstanbul'a çevir rotanı. Ha oradan geçeceksin ama kafana göre mi? Orada da dur!

– Niye duracağım.

– Öyle bedava geçiş yok arkadaş. Önce gemiler (atıyorum) 100 bin dolar verecek, şu kadar bin dolara da kaptan tutacak.

E peki bunu dediğimizde ne olacak? Seve seve kabul edecekler. Kabul ettiklerinde ise Türkiye milyar dolarlar kazanacak Kanal İstanbul'dan. İşte oyuna karşı oyun böyle kurulur. Adamlar antlaşmalar ile resmen evimizin içinden geçiyorlar. Sen "Dur kardeşim nereye gidiyorsun?" dediğinde ise adam: "Sana ne kardeşim antlaşma var, bak!" diyor. Peki, biz ne yapıyorduk? Bir şey yapamıyorduk, adam da bedava geçiyordu. Ama Kanal İstanbul ile artık bedava geçemeyecek. Dur arkadaş, diyeceğiz hesap soracağız. Milyar dolarlar kazanacağız. Kurulan oyuna, oyun kurarak hamle yapacağız.

Anlayacağın sayın okuyucu, onlar derin hamleler yapıyorlar, komplolar kuruyorlar ve zamanında elimizi kolumuzu defalarca bağladılar. Ama bu hep böyle olacak değildir. Hani sana bu örnekleri verme sebebim bir tarafa yağcılık yapmak için değildir. Amacım oyunların, komploların nasıl kurulduğunu sana anlatmaktır. Bak bir örnek daha vereyim. Mesela bu 3. havalimanı. Şimdi düşünebilirsin "Ulan niye yapılıyor ve Almanya neden bu kadar karşı? Diğer ülkeler onlar kadar ses çıkarmıyor, hatta hiç ses çıkardıkları yok. Ama Almanya, Hollanda çok ses çıkarıyor. Peki, niye onlar böyle çok ses çıkarıyor? Bu havalimanının etkisi ne olacak?" Onu da kısaca anlatayım, olayı çok net anlayacaksın. Çünkü adamlar öyle bir düzen kurmuşlar ki sayın okuyucu, her yerden para alıyorlar. Her kurulmuş komplo, başka bir komplo aracılığıyla para akıtıyor. Ne ise konuyu çok uzatmadan meseleye geleyim. Şimdi aşağıdaki fotoğrafa bir bak...

Belki orada Avrupa'yı göremiyorsun bile. Peki, oraya akan şey ne mi? Tabii ki uçak trafiği. İnternetten canlı bir şekilde de bunu izleyebilirsin. Peki, burada sana ne anlatmak istiyorum, konusuna gelince. Öncelikle sayın okuyucu, buradan Amerika'ya gitmek istersen direk gidemiyorsun. Aktarma yapman gerekiyor. İlk başta Avrupa'da bir yerde duruyor uçak. Aynı gün içinde ya da diğer gün olmak üzere ki çoğunlukla diğer güne kalıyorsun, yeni bir uçağa binip anca gidebiliyorsun. Peki, bu ne anlam ifade ediyor? Öncelikle aktarmalı olarak gitmek zorunda olduğun yere gitmeden önce, ara verdiğin ülkede bekliyorsun. Sonra o ülkede yarına kadar bir otelde kalıyorsun, alışveriş yapıyorsun, geziyorsun ticarete can katıyorsun. Şimdi daha üst perdeden düşün.

Bu kişilerin sayısının milyonlar olduğunu düşün. Dünyanın sana akıp, senin üzerinden gittiğini düşün. İşte şu an Almanya ve Hollanda'da bu oluyor. Amerika kıtasına giden biri, önce aktarmalı olarak Almanya'ya ya da Hollanda'ya iniyor. Ve bu yüzden Almanya ya da Hollanda milyar dolarlar kazanıyor. Aynı zamanda ticaretine para aktarıp kendi ülkesini bedava tanıtma şansını da elde ediyor. Bu kadarını anlattık ya... 3. Havalimanı yapıldıktan sonra ne olacak, diye düşünmeye zaten gerek kalmadı. Artık dünya İstanbul'a akacak. Çünkü İstanbul adeta dünyanın ortası gibi. Çin'den kalkan bir uçak, Avrupa'ya gidecek ise aktarmalı olarak sence nerede durur? Tabii ki Türkiye'de. Ya da Avrupa'dan Asya'ya, Asya'dan Avrupa'ya giden her uçak 2 adımda gideceği yere, ilk adımı Türkiye'ye atarak gidecek ve işte o zaman Türkiye'ye, İstanbul'a para akacak. Turist akacak. İstanbul'a bedava turist gelip ülkemiz tanıtılacak. İşte sayın okuyucu, oyun böyle kurgulanıyor. Savaş böyle veriliyor. Bu yüzden olayları doğru okumamız lazım. Oyunu en üst perdeden okumak lazım. Yanlış anlama ama kahve siyaseti yaparak vakit kaybetmeye gerek yok. Oyunu üst perdeden okuduğun zaman, tüm oyunu okuduğun an demektir ki bu sayede algıya gelmez, algıya gelmeyen sen oyuna da gelmezsin.

İşte bu doğrultuda çevredeki etki ajanlarına

dikkat et. Bak bunların başında sayın okuyucu, o Soros denen adam gelir. Bu adam devleti olan adam değil şirketi olan adamdır. Burası ince işte. Devleti yok belki ama devletleri yöneten şirketi var. Önceden de sana anlattım bunu. İşte dünya düzeni böyle işliyor sayın okuyucu. Artık iki güç var dünyada. Bir devletler var, bir de şirketler var. İşte savaş bu ikisinin arasında oluyor. Dünya çapında buna örnek vermek gerekirse: Putin'i ele alalım. Örneğin... Ha bir dakika sayın okuyucu. Birazdan kitabı okumaya devam ederken, Putin ve Erdoğan'ın küresel düzene karşı çıkan iki lider olmasının yanında, aynı zamanda Rusya'nın bizim coğrafi ve tarihi olarak en yakın düşmanımız olduğunu da hiç aklından çıkarma. Burada Putin'i övdüğümü düşünme ama her kâfir olanı da aynı amaca hizmet ediyor sanma. Allah-u Teâla onların bize karşı bir olacağını belirtse de, başka bir ayetinde içlerinde paramparça olduklarını belirtiyor. Anladın sen. Neyse ben konuya geleyim. Örneğin Putin demiştim. Bildiğiniz gibi kendisi aslında bir istihbaratçı, eski bir KGB ajanı. Geçmişi biraz kapalı, pek bir şey bilinmiyor ama Rusya'nın başına geldikten sonra Rusya hızla değişiyor ve kendi çapında milli olmaya başlıyor. Peki, Putin'den önce nasıldı, dersen. Putin'den önce Rusya şirketlerin devletiydi. Yani resmen ülke başkalarının elinde gibiydi. Putin ise devleti onların elinden alıp şirket devleti değil, gerçek bir devlet yaptı. Burada yanlış anlaşılma olmasın, amacım Putin'i övmek filan değil. Sadece dünya düzenini sizlere anlatmak istiyorum. Yoksa kabul etmeyeceğimiz nice hamleleri var. Azerbaycan gibi "gardaş" diyeceğim ve güveneceğim bir ülke değil öyle. Ama dünya düzeninde yalnız kalmamak için her ülke, diğer ülke ile bir olur. Nitekim şu an bilmiyorum, zaman ne gösterir ama bir Doğu-Batı Savaşı'na doğru adım adım gidiyoruz... Bu arada bu konuyu neden açmıştık biz? A evet hatırladım, şu Soros meselesinden.

Şu anda Rusya'da Soros'un gücü zayıflamıştır ve Türkiye'de de Soros'a karşı derin bir savaş veriliyor. Sadece Soros değil. Soros zihniyetli olup, şirketleri ile devletler yönetmeye çalışanlara karşı da açılmış bir savaş var. Bu bağlamda sayın okuyucu, Rusya şu an en güçlü dost devlet. Ama dediğim gibi, çıkarlar doğrultusunda dost devlet. Yoksa bir Azerbaycan gibi "gardaş" ülke değildir. Çıkarlar doğrultusunda giden bu birliktelik Amerika'ya karşı, Batı'ya karşı bir savaş vermek içindir. Elbet zamanı gelip Türkiye ve Rusya süper güçler arasında devletler konumunda gelir ise, işte o zaman göreceksiniz, biz de Rusya ile savaşmaya başlayacağız. Yani kısaca sayın okuyucu, dünya düzeni öyle basit bir şekilde işlemiyor. Devletler öyle duygular doğrultusunda yönetilmiyor. Devletler asla duygusal değildir. Devletler çıkar doğrultusunda iş yapar. Devletler bugünkü dostuyla yarın ölümüne düşman olur ve ölümüne düşmanım dediğine yarın ölümüne dostum der. Devletler böyledir.

Bu zamanda birbirine düşman olan devletler ile beraber; bir de (görünmeyen düşman) şirketlerin yönettiği devletler vardır. Şirketlerden kastım paradır. Para, yani ekonomi, yani bir devletin can damarları. Bu yüzden ekonomisi bağımsız olmayan devlet, sınırdaş anlamda bağımsız olsa da aslında esir bir devlettir. Bak Suudi Arabistan'a.

Amerika silah satacağım dediğinde alıyor. İki gün sonra yine satacağım diyor "Yeni aldık ya" demiyor, diyemiyor. Yine alıyor. Amerika'ya karşı tabiri caizse artistlik yapamıyor. Yaptığı an Amerika elini ayağını çeker. Şirketlerini, yatırımlarını, mühendislerini geri çeker. İşte o zaman Suud parası olan ama bir Somali kadar bile değeri olmayan bir güce iner. Nitekim şu an acı ama tüm güvenlik önlemlerini kendileri değil başka devletler alıyor. Mesela Kâbe'nin korumasını İsrail yapıyor. Şaka gibi ama gerçek. Kâbe'ye gelebilecek bir füzeyi havada durdurup patlatma özelliğini bir İsrail şirketi yönetiyor. İşte Suud bu kadar aciz durumda. Yani aslında sayın okuyucu, işgal sadece Kudüs'te değil, Kâbe'de de var. Bak bir daha yazayım bunu. İşgal sadece Kudüs'te değil Mekke ve Medine'de de var.

Ah be sayın okuyucu! Çok karışık bu dünya düzeni. İlkokullarda, ortaokullarda ne güzel iki devlet birbirine savaş açıyor, meydanda kim kazanırsa devlet onun oluyordu. Ama şimdi öyle mi? Değil. Ortada meydan yok, ortada çok affedersin ama kahpe, çok kahpe bir düzen var. Tarih boyunca sana anlattığım gibi hep komplo kurdular. Bir plan hazırladılar, üzerimize geldiler. Şimdi de aynısını yapıyorlar. Bize ve tüm ümmete komplolar kuruyorlar. Ama en çok da bizim üzerimize. Çünkü biliyorlar ki biz tespihin imamesiyiz. Biz koparsak tüm İslam devletleri yani boncukları dağılır. Ama ikinci bir şey daha var. Dünya ticaretine çomak sokuyoruz.

Bak sayın okuyucu, para meselesini ele alalım. Şu an devletler arası dolar ile mal alım satımı yapılır. Ama şimdi ülkeler artık yavaş yavaş artık dolarla değil, yerli paralarla ticaret yapıyor. Dolara resmen balta vuruyoruz. Çünkü adamlar yani ciğersiz Amerikalılar değeri olmayan para basmakta. Şimdi dur, bunu da açıklayayım. Ne demek değeri olamayan para basmak? Öncelikle kâğıt paranın tek başına hiç bir hükmü yoktur. Paranın karşılığı var ise değerlidir. Yani para başka bir değeri simgeler. Peki, o değer nedir, dersen. O değer altındır. Yani bir devletin ne kadar altını var ise o kadar para basma hakkı vardır. Amerika ne yapıyor? Şöyle ki, daha iyi anlaşılsın diye örnekleyeyim (tabi rakamları atarak söylüyorum), 5 lira basma hakkı var ise, yani 5 liralık altını var ise Amerika hiç abartmadan söylüyorum 15 liralık para basıyor. Hatta bir ara Erdoğan da bu konuya girmişti. Ama ondan çok önce başka bir devlet de bu konuyla ilgilenmişti bile. Çok önceleri İspanya lideri... Ha bunu anlatmadan önce şu bilgiyi de vereyim. Mesela benim 10 liralık altınım var ve bu 10 liralık altın için onun değerini ifade eden para bastım ben. Sonra diğer bir devlet dedi ki, kardeşim ben kâğıt istemiyorum sana altın vereceğim sen de altın ver, derse sen de tamam demek zorundasın. Şimdi bunu unutma, ben konuya tekrar dönüyorum. İşte İspanya da zamanında Amerika'nın bu işini sezdiğinde Amerika'ya kardeşim ben kâğıt istemiyorum, altın istiyorum onu ver, dedi. Amerika şöyle dedi böyle dedi çok uğraştı vazgeçirmek için ama İspanya liderini ikna edemedi. Peki, sonra ne mi oldu? Olayın üzerinden 6 ay geçmeden İspanya'da darbe oldu. İşte dünya düzeni böyle akıyor sayın okuyucu ve şu an Türkiye, biz çok fark etmesek de Rusya ile Çin ile ve diğer devletler ile bu dolar düzenine çomak sokuyor. Doların değeri düştükçe Amerika'nın da değeri düşecek. Ama her şeyden öte dolar artık dünya ticaretinin anaparası olma konumundan çıktıkça Amerika da ana devlet olma noktasından çıkacak. Şu an ne kadar kabul etmek istemesek de Amerika dünya ticaretinde ana taşlardan biridir ve bunu en çok sağlayan da şirketleri, askeri gücü bir yana ama: dolardır. Tekrar gibi olacak ama oradaki ifade önemli. Dolar anapara olmaktan çıktığı zaman Amerika da dünya ticaretinde ana devlet olmaktan çıkarılmaya başlanacak ki, bu akım başladı. Öyle yıkılmaz bitmez güç olarak görme.

Dünün Rusya'sı "Koca SSCB" denen bir devletti. Şu an Orta Asya'da bulunan, çoğunluğu Türk olan devletler SSCB'nin hâkimiyetindeydi. Öyle kolay kolay yıkılacak bir devlet değildi. Hatta Ukrayna'nın efsane Türk devlet başkanı Mustafa Abdülcemil Kırımoğlu'na bir tarih programında bu konu konuşulurken soruluyor: "SSCB'nin yıkılacağını tahmin ediyor muydunuz?" Kırımlıoğlu ise sunucuya gülerek aynen şu cevabı veriyor: "Evet inanıyorduk ama bir 60-70 sene bekliyorduk." Gel gör ki bir anda bitti her şey. İşte devletler, o koca koca gördüğümüz devletler böyle paramparça olacaklar. Bunlar bir temenni olsun diye yazılmıyor. Bunlar tarihte örnekleri olan olgular olduğu için rahatlıkla yazılıyor. Zaten şunu asla unutmayın. İmparatorluklar dâhil tüm devletler yıkılmak için kurulurlar.

Ha Amerika'ya gelince. İşte o kurduğu sistem yüzünden yıkılacak. Aslında baktığınızda Amerika'ya, tam bir devlet görürsünüz. Yani şöyle söyleyeyim, her şeyi ile halkıyla bütünleşmiş bir devlet. Ama öyle değildir. Amerika'nın dünyada düşman edinmesine sebep olan şeylerden biri de halkını o düşmana odaklamaktır. Tıpkı önceden anlattığım gibi, yani İsrail'in yaptığı gibi. Amerika da bu hamleyi yapıyor. Çünkü Amerika'da inanılmaz derecede gençler uyuşturucu, seks, silah ve kumar tuzağına düşmüş durumda. Geleceği olmayan bir ülke konumuna her geçen gün ilerlemekte. Yeni nesli artık evlenmemeye, evlense bile çocuk yapmamaya başladı. Bu gittikçe genç nesli bitirmekte ve yaşlı nüfusu arttırmakta. Belki şu an aklınızda canlandıramıyor olabilirsiniz ama inanın bu bir ülke için büyük bir felaket demektir. Nitekim Avrupa da bunu yaşıyor. Hatta Avrupa'da sırf bu yüzden "Çocuk yap, gerekirse hastaneye bırak devlet baksın!" deniyor. Çocuk yapana büyük teşvikler, büyük paralar veriyorlar, uzun süre iş izni veriyorlar ama buna rağmen olumlu bir geri dönüş alamıyor devletler halklarından. İşte bu manzara, bir ülke için felaketin başlangıcıdır. Şu an aynısı farklı bir şekilde İsrail'de oluyor. Allah'ın takdiri olsa gerek İsrail'de ki doğan çocuk nüfusunun çoğunluğu kız. Hani Allah'ın takdiri dedim ya. Filistinlilerde ise bu durum tam tersi. Erkek çocuk nüfusu artmakta. Bu dediğimi doğrulamak gerekirse söyle bir sağlamasını yapalım. Şu an İsrail'de kızların yarısından fazlası askeri eğitim almak zorunda. Çünkü yeteri kadar erkek askerleri yok. Onlar da çok uğraş veriyorlar ama kaderin üstünde bir güç, oyunlar üstünde bir oyun kuruyor. Herkes bir plan yapıyor. Herkes birbirine komplolar kuruyor. Ama dediğim gibi "ilahi güç" tüm komploların üstünde bir oyun kurmakta, kıyamet yaklaştıkça.

Aman ha! Allah-u Teâla oyun kuruyor o zaman biz de yatalım diye söylemiyorum. Bu işte sen de çaba vereceksin. Sadece İslam için, devlet için değil; kendin için de. Çünkü Allah-u Teâla

Saf Suresi 8. ayette: "Allah nurunu tamamlayacaktır." buyuruyor. Mesele de zaten burada başlıyor. O nurunu tamamlarken sen kimin safında ve ne iş yaparken olacaksın? O nurunu tamamlayacak peki sen o nur tamamlanır iken bir şey yapacak mısın? Kitap okuyup, bilinçlenip, insanları bilinçlendirecek misin? İşte mesele burada başlıyor. Unutma! Üstat Necip Fazıl Kısakürek ne der? "Tomurcuk vermeyen ağaç odundur." der. İnsan da böyledir. Davası için bir şey yapmayan, bir şey vermeyen insan sadece ettir, sadece cesettir. İşte bu doğrultuda oyunu oku, oyunu gör. Bu oyunda ayrım yok! "TürkKürtArapLazÇerkez" ayrılmayacak, tıpkı yazdığım gibi birlik olacak! Bu oyunda devlet için, ümmet için savaşmak var. Çünkü adamlar tarih boyunca bizi hep aynı gördüler. Müslüman isek zararlı gördüler. Hatta öyle ki son yıllara kadar her Müslüman'ı Türk bildiler. Hatta Müslümanlar dahi, Müslüman olan başka bir Kürt yöneticiyi (tabi Osmanlı'nın içinde olan bir Kürt yöneticiyi) Türk diye adlandırdılar. Çünkü artık Türk, Müslüman demek olmuştu. Hatta sana o olayı da anlatayım da, meseleyi daha derin anla.

Şimdi sana anlatacağım olayı basit bir olay sanma. Bu olay hem Osmanlı'nın en kötü durumundayken bile sorun üreten değil, çözüm bulabilen bir devlet olduğunu gösterirken hem de ırkçılığı ayaklar altına alacaktır. Şimdiye kadar

Avrupa, Amerika ve Asya'daki Müslüman-Türk düşüncesini fazlasıyla anlattık. Bu olayla birlikte Afrika'da cereyan eden bir hadiseyi ele alacağız. Şimdi bütün ideolojik düşüncelerini, nefretini, ırkçılığını bir kenara bırakarak tabularını yık ve bu yazıyı okumaya başla.

Ümit Burnu, yani şu Batılıların Osmanlı'dan kaçarak keşfettiği yeni yollardan birinin kavşak noktası 1805 yılından beri İngiliz hâkimiyetindedir. Buranın halkı ise genellikle Hindistan ve Malezya asıllı Müslümanlardan oluşmaktadır. Ama gel gör ki buranın halkı İngilizlerin misyonerlik faaliyetleri ile Hristiyanlaşmaya başlamış. Tabii hepsi değil, bir kısmı da kendi dini olan İslamiyet'i devam ettirmeye çalışırken aralarında anlaşmazlığa düşmüşlerdir. Anlaşmazlığın nedeni ise İslamî kuralların uygulanmasındaki ciddi farklılıklardır. Bu farklılıklar hacca giden bir kişinin yeni bilgilerle dönmesi üzerine kızışmış, şiddete varan çatışmalara yol açmıştır. Meselenin çatışmadan çıkıp iç savaşa dönüşeceğinden endişe eden Müslümanlar bir komisyon oluşturarak 16 Nisan 1862'de Osmanlı Fahri Konsolosu Roubaix ile birlikte İngiliz Valisi'ne giderler. İngiltere Krallığı aracılığıyla dünya Müslümanlarının lideri olarak gördükleri Osmanlı Devleti'nden ve Müslümanların halifesinden, İslam'ı asli şekliyle anlatıp aralarındaki anlaşmazlığı giderecek bir din âlimi talebinde bulunurlar. Bunun üzerine Kraliçe Victoria, sorunun çözülmesi için Sultan Abdülaziz'den Cape Town'a bir müftü göndermesini ister. Sultan Abdülaziz de bu kargaşayı çözmek ve böylesi zor bir zamanda Müslümanların birlik olmasını sağlamak amacıyla Ebubekir Efendi'yi görevlendirir.

Ama kimdir bu Ebubekir Efendi? Sultan neden onu seçmiştir? Ebubekir Efendi'nin Afrika'yla ne tür bir ilişkisi vardır? Afrikaan dilini bilen bir kişi midir? Şimdi gelin bu soruların cevaplarını birlikte müzakere edelim.

Öncelikle sayın okuyucu, Ebubekir Efendi'nin Afrika'yla hiç bir alakasının olmadığını ve Afrikaan dilini hiç bilmediğini, bilmeni isterim. "E peki nasıl anlaştı onlarla sayın yazar?" diye bir soruyu sakın sorma bana! Sende biliyorsun ki "Bizler gönül diliyle konuşan dedelerin torunuyuz." Bu söz sana uzak bir söz gibi gelmesin çünkü bu gerçekten böyledir. Devam edelim... Ebubekir Efendi 1823 yılında Şehrizor'un Hoşnav köyünde yani bugünkü Irak'ın kuzeyinde Hoşnav aşiretine mensup bir kişi olarak doğmuş. Kendisi Kürt oğlu Kürttür. Hoşnav aşiretinden Kürt asıllı bir âlim olan Ebubekir Efendi, baba tarafından şeceresine göre Seyyid'dir yani Peygamberimizin (sav) soyundandır. İlk tahsilini dedelerinden Emir Süleyman adına köyde kurulu medresede yaptıktan sonra Bağdat ve İstanbul'da okumuş. Sonra da Bağdat'a müderris olarak görevlendirilmiştir. Bir gün talebelerine ders okuturken ulağın eline uzattığı fermandaki padişahın tuğrasını gördüğünde içinin titrediğini hisseder. Sultan Abdülaziz derhal İstanbul'a gelmesini buyurmaktadır. Bir süreden beri Bağdat'ta müderrislik yapmaktadır ve zaman geçirmeksizin mutluluk kapısı anlamına gelen Dersaadet'e yani başkente doğru yola çıkar. Lakin geçeceği kapının ona ne getireceğini bilmemektedir. Bir görev adamıdır ve görev her ne ise yerine getirilmelidir. Hazırlıklarını tamamlayıp İstanbul'a doğru yola çıkar.

Başkente vardıktan sonra padişahın emriyle Ahmet Cevdet Paşa tarafından görevi kendisine bildirilen Ebubekir Efendi vakit geçirmeksizin hazırlıklara başlar. Bu defa yolculuk Afrika'yadır. Yanına öğrencisi Ömer Lütfi'yi alarak 1 Ekim 1863'te yola çıkar. Lakin yol uzun ve zorludur. Önce deniz yoluyla Fransa'nın Marsilya şehrine oradan da trenle Paris sonrasında ise Londra'ya varır. Gittiği yerlerde Osmanlı elçileri tarafından karşılanır. Bir süre Londra'da kaldıktan sonra Liverpool'a giderek onu Afrika'ya götürecek olan buharlı gemiye biner. Ocak ayının ortalarında Cape Town'a vardığı zaman aradan 3,5 ay geçmiştir. Gemi limana yanaştığında göndere Osmanlı bayrağı çekilir ve karadan üç pare top atışı yapılır.

Ancak Ebubekir Efendi'yi davet eden İngilizler bölgede Osmanlı nüfusunu arttıracağı endişesiyle kendisini bir otele yerleştirerek gizlemeye çalışsa da gazetelerin gelişini duyurmasıyla kentin her tarafından Müslümanlar otele akın ederler. Müslümanların arasındaki ayrılık ve cehaleti gidermek üzere Halife Abdülaziz tarafından gönderildiği haberi büyük heyecan yaratmıştır. Çünkü Osmanlı dün olduğu gibi o gün de her daim mazlumlara umut olmuştur. Bu aslında Osmanlı'nın kendi kendine edindiği bir sorumluluk değildir. Bu istese de istemese de Osmanlı'nın dinî ve tarihî sorumluluğudur sayın okuyucu. "Osmanlı'nın şurada ne işi vardı, yok bilmem burada ne işi vardı?" diyenlere aldırma sen! Onlar kafası Kars ile Edirne arasına sıkışmış dar beyinlilerden başka bir şey değil. Senin dedelerinin şehit kanının olduğu her topraktan sen sorumlusun. Asya'dan da sen sorumlusun, Avrupa'dan da sen sorumlusun. Hatta Afrika'dan bile sen sorumlusun. Neyse bölmeyeyim ben seni. Sen Ebubekir Efendi'yi tanımaya devam et...

Cape Town'a gelir gelmez hemen görevine başlayan Ebubekir Efendi'nin işi tahmin ettiğinden daha zordur. Karşısında batıl gelenek ve görenekleri din haline getirmiş bir topluluk bulmuştu ve hem bunları düzeltmek hem de taraflar arasında uzlaşma sağlaması gerekiyordu. İlk iş olarak geniş bir ev tuttu. Burada hem yaşayacak hem de okul olarak kullanacaktı. Kısa sürede 300'ü aşkın kız ve erkek öğrenciyi okulunda toplarken akşamları da yetişkinlere sohbet toplantıları ile ders vermeye başladı. Sahte hocalar ve şeyhlerle de kıyasıya bir mücadeleye girişti. Birbirleriyle çatışan Müslüman cemaatleri barıştırmayı başarınca işler kolaylaştı. Bu arada yerel dili öğrenmiş, üstelik temel dini eserleri çevirerek kaynak oluşturmuştu.

Kurduğu okulun öğrencileri üç yıllık eğitimin ardından mezun oldular. Kendi şehir ve eyaletlerine giderek yeni okullar açtılar. Bu sayede doğru bir İslam anlayışının Güney Afrika'da yayılmasını sağladılar. Ebubekir Efendi 29 Ağustos 1880 tarihinde 20 yıla yakın görev yaptığı Cape Town'da vefat etti. Arkasında pek çok cami, okul ve sahih bir İslami anlayış bırakarak. Ebubekir Efendi'nin hayatı kısaca böyledir. Ama yankıları hiç de kısaca olmayacaktır. Öyle ki temel eserlerle dolu ve uzun dönemlere kendini hissettiren bir yankı olacaktır. Ebubekir Efendi oranın halkı için bizzat kendi kalemiyle Afrikaan dilinde yayınlanan ilk eserlerden olan Beyânü'd-dîn isimli bir ilmihal kitabı yazmıştır. O, İslam'ın ulaşamadığı hiç bir toprak parçası kalmasın diye bunları yaparken yerli halk da Ebubekir Efendi'nin hakkını şöyle ödemeye çalışacaktı:

Ebubekir Efendi'den sonra Güney Afrika'da hutbeler Osmanlı sultanları adına okundu. O topraklardan Hicaz Demiryolları ve Milli Mücadele için de kampanya yapılmış ve para toplanmıştı.

Oradaki Müslümanlar tarafından açılan kampanyalarla Hicaz Demiryolu için binlerce sterlin toplandı. Yüzlerce Afrikalı 1911 Trablusgarp ve 1912 Balkan Savaşları'nda savaşmak için Harbiye Nezareti'ne müracaat ettiler. Milli Mücadele'de de Ankara'ya 17.634 lira ve 875 sterlin göndermişlerdir. İstiklâl Harbi şehitlerimiz için İngiliz sömürgesi olan Güney Afrika'da mevlit ve hatimler okunmuştur.

Tabii ki yapılanları bunlarla sınırlı sanmayın. Çünkü Kürt Ebubekir Efendi'den sonra Osmanlı o topraklarda, kara kıta Afrika'da "El Turco" olarak anılmaya başlamış. "Ne var ki bunda zaten Avrupa'da da öyle anılmıyor mu?" deme sayın okuyucu. Size bu anlattığım olay Ebubekir Efendi vesilesiyle olmuştur ve başta da dediğim gibi kendisi Kürt oğlu Kürttür. Ama bir gün dahi olsun Afrika'da kendisine "El Turco" denmesinden gocunmamıştır. Çünkü o da biliyordu ki Türk demek Müslüman demekti. İşte böylesine ırkçılığı ayaklar altına alan şahsiyetler sayesinde ayakta kaldı bu Din-i Mübin-i İslam.

Hatta daha ileri giderek sizlere şunu da söyleyeyim. Ebubekir Efendi'nin büyük büyük oğlu Ahmed Ataullah da Sultan Abdülhamid Han tarafından Singapur'a elçi olarak gönderilmiş ve o topraklarda Müslüman-Türk kaynaşmasını dillere destan etmiştir. Tamam, biliyorum kitapta birçok yerde okuduk ama yine senden bir Fatiha isteyeceğim sayın okuyucu. Değmez mi onlar için? El-fatiha...

(Ortada oturan siyah cübbeli Ebubekir Efendi.)

Evet, sayın okuyucu... Osmanlı'nın yaptığı bu çözüm bulma stratejisini Osmanlı'yı anlattık diye sadece Osmanlı'dan ibaret sanma. Çünkü problem üretmek yerine çözüm bulma bizim DNA'larımıza işlenmiş durumda. Dün Osmanlı vardı çözümleri o buluyor, kardeşliği o tesis ediyor ve barışı o sağlıyordu. Bugün de Türkiye var ve bunların hepsini Türkiye yapıyor. Biz asil bir milletin evlatlarıyız. Türk, Kürt ve Arabı ile bir, iri ve diriyiz. Biz millet-i İbrahim'iz.

2006 yılında Irak'ta çatışan Sünnî grupları bizim ülkemiz uzlaştırdı.

2010 yılında senelerdir arası bozuk olan Sırp ve Boşnaklar arasındaki uzlaşma sürecini bizim devletimiz başlattı.

Aynı sene içinde soydaşlarımız Kırgızistan'da çatışırken yüzü aşkın etnik ve kültürel grubu bir arayan getiren Osmanlı'nın evladı Türkiye oldu.

2012'de çekişme içerisindeki Telaferli Şiî ve Sünnî aşiretleri barış yemeğinde bir araya getiren bizdik.

Yine 2012'de, Kerkük'te, Vilayet Meclisi'nde Türkmen, Kürt ve Arap temsilcilerini bir araya getirip mutabakata vardıran büyük Türkiye'den başkası değildi.

Daha saymaya devam edeyim mi? Bunları zikrederken Afrika'dan bahsetmemek, Ebubekir Efendi'nin görev yaptığı toprakları es geçmek olmaz.

Yıllardır hiç görüşmeyen Somali ve Somaliland liderlerini Ankara'da buluşturan, farklı ırk ve mezhebi kökenden olan Suriyeli, Lübnanlı, Libyalı ve Yemenli gruplara bizim devletimiz yani büyük Türkiye ulaştı. Unutmayalım Allah-u Teâla Hucurat Suresi'nin 10. ayetinde buyuruyor ki: "Müminler ancak kardeştir." Bugün geçmişe dönüp baktığımızda ve şu an günümüze odaklandığımızda, bizim bu çabalarımızı boşa çıkarmak için kardeşi kardeşe kırdırmak üzeri ne tür kompoların kurulduğunu hepimiz biliyoruz. Eğer sen okuyucu kardeşim, bir Türk-Cihan Hâkimiyeti istiyorsan; o beynini, aklını ve kalbini Kars-Edirne arasında sıkışmış bir halde bırakmayacaksın. Önce okuyacak, araştıracak ve problem olmayı, ayak bağı olmayı bırakıp tıpkı dedelerin gibi çözüm üreteceksin. Sadece içinde bulunduğun bu 780 bin km2'ye değil, tüm cihana adaleti sen dağıtacaksın.

RUHUNU BUL, KENDİNİ BİL

Bu kitabın aslında mantığı biraz da yukarıdaki başlıktı sayın okuyucu. Mesele kendini tanıyıp ruhunu ve atalarının ruhunu bilmek. Sadece ümmet kavramında değil, her yerde sen olduğunu bilmek. Çoğu kişi bilmez ama önceden de anlattığım gibi savaşta da barışta da bilimde de sen önde idin. Eğitim konusuna biraz değindim ama inan ki "az" olduğu için az değinmedim. Daha çok var sana o konuda yani bilimde önde insanlar konusunda anlatacaklarım. Bunları hep unutturdular. Doğu insanı, Anadolu insanı, hele bir de Müslüman ise "Bu bilimi asla, ama asla yapamaz!" algısı verdiler. Hâlbuki bilimin modern bir hale gelmesini sağlayan Doğu'dur. Eğer Doğu olmasaydı bilim gerçekten ölürdü. Şimdi biliyorum bu dediklerim sana basit geliyor ama dur sana bir örnek vereyim de daha net anla. Örneğin kullandığımız rakamlar... Bak şu aşağıda bir resim vereceğim sayın okuyucu:

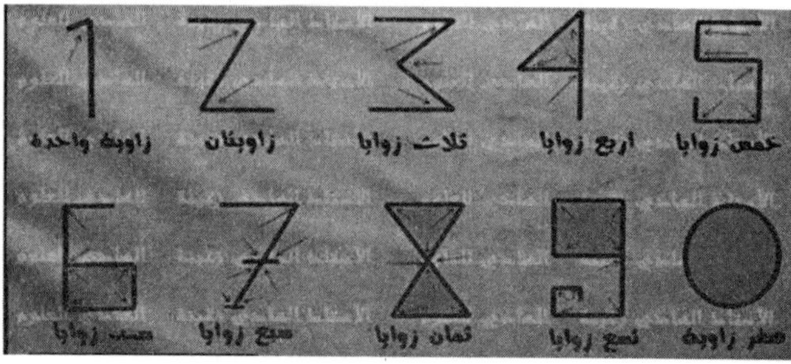

Sence bu rakamları kim buldu? Tabii aklına ya eski Yunan gelir ya da başka bir Batı. Ama bu rakamları bulan Müslüman bilim adamıdır ve bu rakamlar bulunduğu an, yani bu hale getirildiği an matematik hızlandı ve bilim hızlı bir şekilde ilerlemeye başladı. Kim buldu konusuna gelirsek... Belki adını çok fazla duymadığın biri. Evet, El-Harezmi'den bahsediyorum. Bu rakamları ortaya çıkaran o Müslüman bilim adamıdır ve bu rakamlar da öyle alelade rakamlar değil. Çok titiz bir şekilde işlenmiş, her açısı bir rakamı ifade eder. Kaç açısı var ise o kadar rakamı anlatır. İşte şu an tüm dünyanın kullandığı bu rakamlar Müslüman bir âlimin elinden çıkma. Yoksa diğer türlü Roma rakamları ile sittin sene matematik ilerleyemezdi. Çünkü o rakamlar ile ancak çarpım tablosu yapılırdı. Ha bu arada, orada bir de sıfır (0) var. İşte o 0'ı da El-Harezmi buldu. Harezmi'den önce sıfır falan yoktu ve sıfır zaten matematikte bir devrim oldu. Sadece bu mu? Daha çok örnek verebilirim. Mesela bak Zehravi'yi ele alalım. Adam 950 yıllarında yaşamış tıp âlimi. O zamandan itibaren ameliyat yapmaya başlıyor. 270'e yakın ameliyat için yani tedavi amaçlı kullanılacak cerrahi aletler icat ediyor. Ama işin ilginç yanı ne biliyor musun? Onun icat ettiği bu 270'e yakın cerrahi aletlerin 200'e yakınını şu an hâlâ doktorların ameliyatlarda kullanıyor olması. Şimdi daha derin düşün derim. Adam 10. yüzyılda yaşıyor ama yaptıklarının 200'e yakını 21. yüzyılda da yaşamaya devam ediyor. İşte senin dininin çıkardığı âlimler bu derece derin insanlardı. Ama bize hiç böyle öğretmezler. Ders kitaplarında Newton'un başına elma düşmesini anlatırlar ama bu âlimleri yazmazlar bile. Çünkü zihnine bir komplo düzenliyorlar. Sen yapamazsın, sen edemezsin diyerek Doğu insanını, Müslüman insanları başlamadan bitiriyorlar. Bu işi ancak batı yapabilir, diyorlar. "Bilim demek Batı demektir." algısı vermeye çalışıyorlar. Hâlbuki Batı, Karanlık Çağ denen rezil bir dönem yaşamıştır. Ha bu arada "Karanlık Çağ" sözünü duymuşsunuzdur. Bizim ders kitaplarımıza göre tüm dünyada var olduğu algısı verir insana. Hâlbuki Karanlık Çağ sadece Batı'nın karanlığıdır. O vakitler İslam âlemi aydınlığını yaşamaktaydı. Batı'da deliren insanlar, içine cin kaçtı, denerek diri diri yakılırken; Osmanlı'da bu insanlar tedavi ediliyordu. Bak şu aşağıdaki resim de bir örnek. Tabi sadece deliler değil başka tedaviler de var. Ama deliler için müzik türünde yardımcı hamleler, tedaviler yapılmaktaydı.

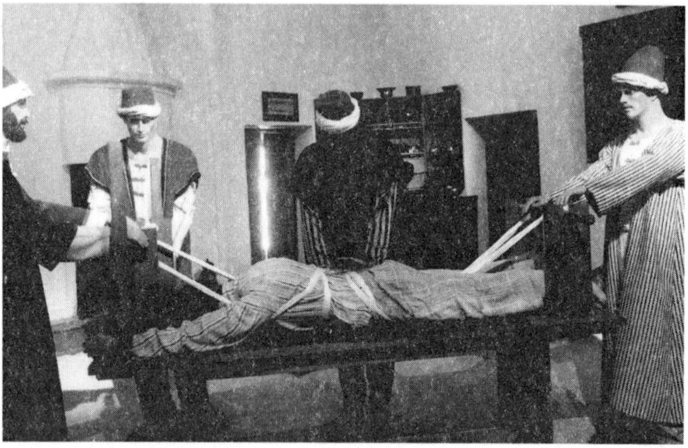

İşte böyle hep zihnimizle oynadılar. Gençlerin hepsi her şeyi gâvur, her şeyi Batı icat etti diye bakar. Hatta matematik dersinde bir konu anlatıldığı zaman ve o konu zor olduğunda "Hay bunu icat edenin..." diye başlar. Mesela cebir konusu vardır, matematiğin en zor ama en önemli yerlerinden biri olan formül... Bu konu gelince öğrenciler oflar puflar. Ha haklı sayılırlar, orası ayrı, evet zordur. Ama benim dikkat çekmek istediğim bu formülleri ortaya çıkararak insanların Müslüman bir âlim ve bilim adamı olma ihtimali bizim neslin aklına gelmiyor olması. Hâlbuki cebri bulan yine El-Harezmi'dir. El Mukavele kitabında bunu yazar ve bunu yazdığı tarihler ise 950 yıllarıdır. Batı ise bunu ancak 500 yıl sonra 1498'de öğrenecekti.

Dur bak başka bir konuya geçmeden, yine aynı adamdan sana yine bir örnek daha vereyim. Vereyim ki adamların buluşlarının sadece çağlarını kapsamadığını, çağlar ötesine de uzandığını gör. Artık hayatımızın merkezinde olan bilgisayarı ele alalım. Öncelikle bilgisayarın çalışmasını sağlayan nedir? Hemen söyleyeyim. Algoritmadır. Bilgisayarın işlem görmesinde temel iş bu formülde biter. Algoritma olmasaydı bilgisayarlar çalışamazdı. Peki, algoritmayı kim buldu? İpucu vereyim daha net anlayacaksın. Öncelikle bir düşün, algoritma kelimesi sence nereden çıkmıştır? Tabi ki onu bulan kişinin isminden dolayıdır. Algoritma Batı yanlı bir sözdür. Peki, Batı neden algoritma demiştir? Çünkü onu bulan kişinin adı Algoritma'dır. Ama tam olarak Algoritma değildir. Dur kafanı karıştırmadan hızlıca söyleyeyim. Algoritma eşittir Al-Gorizma'dan gelir. Ve Al-Gorizma ise Arapça isim olan El-Harezmi'nin Batı'ya geçmiş halidir. Yani anlayacağın şu an dünyanın ve teknolojinin merkezi gibi olan bilgisayarın çalışmasını sağlayan El-Harezmi'nin buluşu Algoritma'dır.

Bak sana şöyle bir ipucu daha vereyim sayın okuyucu. "El" takısı ile başlayan çoğu şeyi, yani aslında "Al" takısı ile başlayan çoğu şeyi Müslüman bilim adamları bulmuştur. Çünkü "Al" Arapça isim başlarının takısı olan "El"den geçer. Aynı zamanda matematik dersinde en önemli yerde olan "x"i de Harezmî bulmuştur. Yani sana buradan iki ders çıkar: Birincisi, bilim demek Batı demek değil; tam tersi İslam demektir. İkinci olarak da bundan sonra matematik dersinde her formüle "Bunu kim bulduysa..." diye başlayan küfürler etme lütfen. Çünkü bir Müslüman âlime küfrediyor olabilirsin. Ha sadece matematikte değil tabi ki. Mesela jeolojinin babası Biruni'dir ve bunun yeni bir bilim olduğunu ortaya çıkardığı tarih ise 900'lü yıllardır. Aynı adam yani El-Biruni eczacıların babası olarak da geçer. Hatta bir devir vardır ki eczacılar bu devre "Biruni Devri" der. Çünkü El-Biruni buldukları ve icat ettikleri ile bir devrim yapmıştır. Hatta yazdığı "Kitabü's Saydele" ile Orta Çağ'ın eczacısı diye tarihe geçmiştir.

Diğer yandan İbn-i Sina'yı zaten anlatmama gerek yok. Ama onun hakkında küçük bir şey söyleyeyim. İbn-i Sina 17 yaşındayken kendisine "sihirbaz" diyorlar. Sebebi ne dersin sayın okuyucu? Çünkü İbn-i Sina o yaşında o kadar derin bilgiler biliyor ki (ilim ve bilim olarak) insanlar "Bunu normal bir insan bilemez. Bu kadar bilgiyi normal bir insan öğrenemez, kesin bu sihir yapıyor." diyorlar. Ben şimdilik bu isimleri saydım sana ama bunlar uzar da uzar. Çoğunu belki ilk defa duydun, belki de hepsinin bu derece özelliklerini ilk defa duydun. Niye duymadın bunları? Burada suç kimin? Hem sistemin, hem senin suçun var. Şunu da belirtmek gerekir ki sistemin çok hatası var. Bir düşün, derslerde bu âlimlerin adı geçse o yavrucaklar, o genç nesil nasıl bir iştahla sarılır. Ama ne oluyor? Hep gâvurun bulduğu şeyler bize gösteriliyor. E bizim nesil de otomatikman "Zaten bunları hep Batı buluyor. Bizden adam olmaz." diyor ve bırakıyor. İşte bu doğrultuda eğitim sistemine bir düzen vermek gerek. İkinci olarak da şu var ki, bunları senin de araştırıp okuman, ardından ise kardeşine, evladına bunları anlatman lazım. Ona bu şuuru vermen lazım. Onlar bir komplo kurdular. Bizi tarihimizden uzaklaştırmak istediler, doğru, ama senin de onların bu hamlelerine karşı özümüzü genç nesle anlatman gerek.

Bak sana Fuat Sezgin'i anlattım. Adam hayatını bu işe, bilime adamış. Yaptığı başka bir şey yok. Bu işten büyük paralar da kazanmadı. Hatta tam tersi büyük paralar yatırdı. Lakin bu bir iş değildi, bu bir hizmetti ve bu hizmeti yapıp tüm Müslüman âleminde olan o eziklik duygusunu bitirmek için yaşadı, öğrendi, öğretti. Senin yapacağın ise çok basit. Oyunu anlamak, oyunu görmek ve oyunu herkese anlatmak. Çünkü her yerden saldırıp yeni komplolar kurmaktalar. Sadece zihinlere değil her şeye karşı bir hamle yapıp derin planlar ile komplolar ortaya çıkarıyorlar. Adamlar hem zihnine saldırıyorlar hem paranı alıyorlar ve bu para lobileri de basit lobiler değil.

Mesela sigara lobisini ele alalım. Trilyonları döndüren bir lobi. Televizyonlarda durmaksızın zararı ile ilgili reklamlar yapılıyor. Hâlbuki sigara şirketlerinin bir kere bile reklam yapma izinleri yok ama her geçen gün daha fazla kişiye ulaşmaktalar. Hatta Erdoğan bazılarının sigarasını alıyor. Bu olay basit bir senaryo değil. Sadece halka güzel görünüp oy toplama meselesi değil. Aslında nasıl ki faiz lobisine savaş açıyor ise o lobiye de yani sigara lobisine de savaş açıyor. Çünkü bu lobiler devletler üstü paraya ve güce sahip lobiler. Bak sana geride Nuri Paşa'yı anlattım. Zannetme ki Nuri Paşa sadece Filistin'e silah yardımı yaptığı için öldürüldü. Aslında bu piyasada yer etmeye çalıştığı için de ipi çekilmiş oldu. Küresel silah savaşlarında yer etmeyi düşünüyorsan canını da ortaya koymak zorundasın. Çok büyük paralar kazanırsın orası ayrı. Ha bak konu buraya gelmişken şu bilgiyi de vereyim. Zannetme ki savaşlar sadece devletler arasında çıkan çıkar çatışmalarından ya da petrolden ibarettir. Bu savaşı isteyenler arasında silah tacirleri de vardır. Çünkü savaş demek katrilyonları aşan silah satışı demektir. Yani sayın okuyucu... Bazılarının ceplerinin dolması için, bazen bazılarının zihninin işgal olunması lazım, bazen sağlığının zarar görmesi lazım, bazen hayatının bitmesi lazım. Binlerce kişi mağdur olacak ki o bir kişi mağdurların parasını yesin. İşte "Yeni Dünya Düzeni" dedikleri bu lobiler böyle alçak ve kahpe. Çikolata fabrikası kurup cebinden parayı alan da aynı şirkettir, o çikolatanın kansere sebep açması sonucu tedavi için kullanman gereken ilacı satan da aynı şirkettir.

Hatta Oktay Sinanoğlu bu konuyu çok iyi anlatır. "Önce tohum sattılar. Ne güzel dedik, ucuz dedik ama bu tohum böcekleri çekiyordu. Sorun yok dediler, böcek ilacını sattılar bu da biraz ucuzdu. Oh ne güzel dedik, aldık hemen sıktık ama bir sorun daha çıktı. Bu böcek ilacı da insanları hasta ediyordu. Dur dur dediler, sorun yok dediler, al aşısı var dediler aldık, bu da ucuzdu. Diğer sene oldu. Tohum tek senelik tohumlardandı bir daha almak gerekiyordu. Her sene aynı şey yaşanıyordu. Ucuz diye o tohum alınıyor ama her seferinde doğal olan tohumun iki buçuk katı para ödeniyordu. İşin en ilginç yanı ne, dersen... Tohumu da ilacı da aşıyı da satan hep aynı şirketti." diyor Türklerin Einstein'ı. İşte oyun bu kadar alçak ve derin kurulmuştu. Hatta bir söz vardır: "Dünyanın 3'te birinin elinde silah vardır." Peki, burada sorulacak soru ne? Geriye kalanlar... Onlara da aynı ağızdan cevap geliyor: "Dünyanın geri kalan 3'te ikisine nasıl silah satacağız?" İşte adamların zihin dünyası bu. Kapitalizm dediğimiz doymak bilmeyen sistemin doğurduğu vahşet bu. Daha fazla para için daha fazla ahlaksızlık daha fazla alçaklık ve hep dediğim gibi sadece başkaları ile değil kendi içlerinde de bu çatışma devam etmekte. Bu işe ortak olmak isteyen yok edilmeye çalışılır. Zaten sistem böyle işler. Ya yok edeceksin ya da yok olacaksın.

Vecihi Hürkuş.... Bu kişi sırf devleti için rahatını bir köşeye atıp ilk sivil ve askeri uçağı yapıp, ilk özel havayolu şirketini kurarak bu ticarete ortak oluyor. Bir de Türkiye için bir şeyler yapıyor olması zaten ayrı bir rahatsızlık veriyor. Sonra ne oluyor biliyorsunuz, sudan bile sayılmayacak bahaneler ile yine bizim içimizdeki hainlerin eli ile fabrikası kapatılıyor, zarara uğratılıyor ve hayatı mahvoluyor. Bunlar ise sırf vatanı milleti için bir şey yapmak isteğinden dolayı oluyor. Bunları ona kim yaşattı tahmin edebilirsiniz. En kötüsü de Vecihi Hürkuş'un adını dahi kötülemeye başladılar. Çoğunuz bilirsiniz, Yeşilçam Sineması'nda "Vecihi" diye "pilot" bir karakter vardır. Aptal rolündedir ve Şener Şen canlandırır. Her şeyi eline yüzüne bulaştıran bir karakterdir ve adı da Vecihi'dir. Sizce niye bu isim seçiliyor? Başka isim mi yok? Tabii ki yok çünkü amaç sayın okuyucu, zihinleri işgal edip bu devletine hizmet etmeye çalışan kişileri zavallı göstermeye çalışmaktı. Neyse bak konu konuyu açtı ve yine nerelere geldik. Aslında amacım konuyu uzatmak değildi ama nereden girdik buraya anlamadım. Neyse elbet vardır bu satırları yazdıranın bir niyeti. Her şey nasiptir. Umarım sen de bu dediklerimden nasip alır, daha fazla insana ulaştırır ve sadece bu yazdığım kitap ile kalmazsın. Hatta sadece bizim millete değil insanlığa Avrupa'nın ve Yeni Dünya Düzeni diyen alçakların sistemini öğretmek lazım. Çünkü bunlarda ne merhamet var, ne insanlık. Adamlar para kazanmak için her şeyi mubah görüyorlar. A bak aklıma gelmişken aşı lobisini de anlatmadan geçmeyeyim. Biliyorum anlattığım vakit "yuh" diyeceksin ve belki içinden bu adamlara küfredeceksin ama öyle az küfretme lütfen. Geç otur bir yere, hakkını vere vere küfret. Ne ise küfretme, beddua et bunlara. Niye mi? Zamanında Avrupa, Güney Afrika'ya doktorlar gönderiyordu. Dünyada "Oh ne güzel canım, Avrupa Afrikalılara sahip çıkıyor." diyordu. Adamlar bedava aşı yapıyordu. Bunda ne var diyorsan deme, dur, sonuna gelmedim daha. Sonradan ne oldu biliyor musun aziz okuyucu? Bu aşı olan çocukların bazılarında hastalık ortaya çıktı. Dur, dur, daha o aklına gelen alçaklık değil. Yani amaç hasta etmek değil. Amaç aşıları denemek. Yani açıkça söyleyeyim. Bu Avrupalılar, o Afrikalı insanların çocukların üzerinde geliştirdikleri aşıları denediler etkileri ne olacak diye. Bunu da sevabına bir iş diye gösterdiler. İşte bize medeniyet, bize insanlık dersi vermeye çalışan Batı bu. Hah şimdi başla "Ulan sizin..." diye ya da dur neyse...

Bunu sadece orada da denemediler. Afganistan'da da denediler. Oraya da doktorlar gitti. Orada ise iki işi birden yaptılar. Hem geliştirdikleri aşıları denediler hem de istihbaratı sağladılar. Hatta bunun filmini dahi çektiler yüzsüzler. Ha film masumane bir filmmiş gibi gösteriliyor, orası ayrı. Biliyorum bir yandan da bana kızıyorsun. Hem küfretme diyor hem de küfrü hak eden adamları(!) bana anlatıyor, diyorsun. O zaman dur konuya girmişken hazır sen de ağzını bozmuşken ben devam edeyim ne dersin? Ne ise sayın okuyucu, şaka bir yana bunları bilmek ve bu doğrultuda bilinçlenmek lazım ve ayrıca bilinçlendirmek... Hele şu yüzyılda daha derin saldırılar, daha etkili komplolar ve kahpeliklerle geliyorlar üzerimize. Evet, teknolojinin derinliğinden, alçaklığından bahsediyorum. Ha şu subliminal mesajlar değil, artık onları illa ki duymuşsunuzdur. Yani o konularda daha da derine girecek değilim. Ama ondan başka gözümüzün önünde büyüyen bir tehlike daha var. Bu doğrultuda cidden çok tedbirli olmanız lazım. Çünkü yarın öteki gün bu verileri önünüze koyabilirler. İşte tam burada klasik olarak "Ya aman, adamların işi gücü yok bizi mi takip edecekler?" diye bir soru gelebilir aklına. Fakat olaya şöyle bakın, kader nasıl işler bilemezsiniz. Sadece düz bir hayal kurarken zirvede bulursun kendini. Burada bir yanlış anlaşılma olmasın ama örnek olarak Erdoğan'ı ele alalım. Futbolcu olma hayali ile büyüdü fakat kaderinde devlet başkanı olmak varmış. Yani kader sizi nereye çeker bilemezsiniz. Bir yere çekmese bile bu gücün farkında olun. Nasıl bir güçten mi bahsediyorum?

Size, sosyal medyada gezerken ya da internette dolaşırken gösterilecek reklamları, sizin arzunuz doğrultusunda hazırlayan bir sektörü konuşuyoruz. Bunu nasıl başarıyorlar, sorusuna gelince... Sizi elinizdeki telefonlar bilgisayar ve diğer teknolojik aletler ile dinlemekteler. Siz telefonunuzu kullanmasanız da ses kayıtlarınız depolanıyor, siz kameranızı açmasanız da görüntüleriniz kayıt altına alınıyor. Bu dediklerim size afakî hayallermiş gibi geliyor ise durun, size bir fotoğraf göstereyim o zaman. İşte o vakit ne demek istediğimi daha net anlayacaksınız. Şimdi aşağıdaki kişinin fotoğrafını bakın. Öncelikle kim bu kişi Facebook'un kurucusu Mark Zuckerberg. Şimdi fotoğrafa dikkatlice bakın, ne görüyorsunuz?

Hiç bir şey görmüyorsunuz öyle mi? Hadi biraz daha dikkatlice bak, diyeceğim ama kim bakacak şimdi, dersin. Tamam tamam, lafı uzatmadan anlatıyorum ben şimdi her şeyi. Gel o zaman fotoğrafı daha da yakınlaştırıp bakalım.

Gördüğün gibi Facebook'un kurucusunun kamerası ve ses yeri bantlı. Peki, bunu neden yapıyor? Yanlışlıkla açılırsa falan diye mi? Tabi ki hayır! Çünkü o teknolojinin gücünün farkında. Teknolojinin gücünün kullanıp komplo kuranların farkında. İşte düzen böyle alçak ve derin bir düzen.

Bir şey daha anlatayım sana sayın okuyucu. Amerika eski başkanı Obama bir gün misafiri ile golf oynamaya gidiyor. Golflerini oynuyorlar ve aradan biraz zaman geçiyor. Ardından Obama misafiri ile fotoğraf çektirmek istiyor. Tabii hesapta olan bir durum değil bu. O yüzden fotoğrafçı da orada değil. Önemli değil, diyor ve devam ediyor, bir telefon verin ondan çekinelim. Peki sonra... Korumalar birbirlerine bakıyorlar ve hiçbirinde akıllı telefon yok. Etrafa bakıyorlar yine yok. Ancak orada bulunan başka kişilerin telefonunu ödünç alıp fotoğraflarını çekebiliyorlar. Niye yok? Çünkü adamlar o gücün farkında. Burada akıllı telefon kullanmayın, deme gibi bir niyetim yok. Sadece dikkatli kullanılması gerektiğini ve oyunun gücünü göstermek istedim ve ne yazık ki uzun süre biz bu olanların farkında olamadık. Liderler hep akıllı telefon kullanımı yaptılar. Ama tabi artık bunun farkına varıldı. Ha şunu da ekleyeyim. Belki aklına "Ya bu kadar bilgiyi nasıl saklayacaklar" gibi bir soru gelebilir. Gelmesin. Teknolojiyi onlar sürdü piyasaya ve ilerisini ve gerisini elbet düşünmüşlerdir ki düşünmüşler. Hatta bunlar artık basit şeyler. 1000 GB dediğimiz muhteşem bir depolama alanı bile küçücük bir hafıza kartına indirilmeye başlandı. Yani artık bunlar mesele olan şeyler değil. Bunları sana konu açılmış iken anlatma sebebim bize sadece tarihte büyük komplolar kurmayıp, günümüzde de kurduklarını ama günümüzün komplolarının daha derin ve daha alçakça olduğunu göstermektir. Şu an sadece görünen değil aynı zamanda hissedilmeyen bir düşman, yani teknoloji ile de savaşıyoruz. Nitekim zamanında yerli üretim yapmayan biz, dış ülkelerden çok silah aldık. Ha aldığımız silahlar da silah mı? O da ayrı bir konu ama önemli olan burada silahın kalitesi değil silahın yönetiminin kimde olduğu idi. Yani düşünebiliyor musun, Amerika'dan, İsrail'den silah alıyoruz ama aldığımız silahlarda dost tanımlaması olduğu için Amerika'nın ya da İsrail'in izni olmadan kimseyi bu silahlar ile vuramıyoruz. Ya da bir İHA aldığımızda aynı istihbarat, aynı görüntüler İsrail'e Amerika'ya da gidiyordu. Bu anlattıklarım yüzünden bilgilerin önce İsrail'e gidip, sonra da İsrail'in PKK'ya "Oradan kaç, birazdan seni vuracaklar!" denmesini; bizim de boş dağları yıllarca boşu boşuna bombaladığımızı söylememe sanırım hiç gerek yok. Yani bir de bu açıdan düşünelim. İleride bir savaş çıkarsa, bizim düşmanımız olma ihtimali olan ülkeler kimlerdir? Başta Amerika ve İsrail gelir. Ama gel gör ki yıllarca silahlarımız bu iki düşman devletin ürettiği ve yönettiği silahlardı. Yani resmen dalga geçiyorlardı bizimle.

Ayrıca biz bunları tam olarak kullanmış da değiliz. Hani terör örgütlerine kullandık ama bir devlete karşı kullanmamıştık hiç ve tahminimce böyle bir savaş durumda uzaktan kumanda ile bu silahlar etkisiz hale getirilebilirdi. Ha burada amacım seni korkutup ümitsizliğe sevk etmek değil sayın okuyucu, yanlış anlama. Sadece sana bize komplo kuran bu adamları gerçekçi bir şekilde tanıtmaktır. Yoksa düşmanın gücünü görmezden gelip başını çevirmekle bitmiyor bu iş. Ama şunu da ekleyeyim her şey silah ile de olmuyor. Mesele silah değil, mesele o silahı kullanan askerdir. Belki klasik bir cümle ama gerçekten öyledir.

Nitekim İsrail'in elinde son sürüm silahlar var ama kaç kez Gazze'yi işgal etmek istediyse de tam olarak beceremedi. Bu yüzden yavaş yavaş yapmak zorunda kalıyor her şeyi. Hâlbuki karşısında sadece eli sapanlı çocuklar ya da tek tük elinde keleş olan savaşçılar var. İşte bu yüzden İsrail çoğu zaman Gazze'ye kara saldırısı değil hava saldırısı yapıyor. Peki, neden? İşte burası çok önemli.

Aslında çok iyi silahları var ama o silahları kullanacak yürekli askerleri yok sayın okuyucu. Hatta sana bir olay anlatayım: Yuşa (a.s.) Yahudiler ile beraber yerleşmek için yer arıyordu. İşte bu sırada yanında bulunan küçük bir Yahudi grubunu gittikleri bir yere gönderdi. Hani baksın ne var ne yok nasıl bir yer diye. Bu yer Filistin'di. Filistin'e bir grup göndermişti. Aradan bir süre geçtikten sonra gelen Yahudi grup Yuşa aleyhisselama: "Ey Yuşa! Burada yaşanmaz çünkü yaşanılacak bir yer değil burası." dediler. Aslında gerçek bu değildi. Orası kalabalık bir yerdi. Orayı almak için savaşmak gerekirdi, Yahudiler ise korkaktı ve savaşı sevmezdi. İşte bu yüzden yalan söyleyeceklerdi. Böylesine korkak bir topluluk. Dur bir de günümüze çok yakın bir örnekle devam edeyim. 2014 yılında İsrail ordusu, Dökme Kurşun Harekâtı'nda Gazze'ye karadan girmeyecek havadan bombalayacaktı. Komutana sebebi sorulduğunda ise komutan aynen şu kısa cevabı verecekti: "Bizim asker ölmek istemez."

Böylesine korkak bir topluluk onlar. Hatta siren sesinden korkan bir topluluk. Hatta fotoğrafını da koyayım şu aşağıya:

Mavi Marmara baskınında yaralanan 3 İsrailli askerden biri yani sivillerin esir aldığı bir İsrail askeri altına kaçırmıştı. Bu şaka değil sayın okuyucu. Gerçekten haberlere çıkmış bir olay bu. Ne ise konuyu çok uzatmaya gerek yok. Zaten anlatmak istediğim teknolojinin gücü kadar yüreğinde ne kadar önemli olduğudur. Ha yürek olduğu gibi teknoloji de olmalı insanda. Tam burada aklınıza Hz. Peygamberin: "Düşmanınızın silahıyla silahlanın" hadisi gelebilir ama sanırım böyle bir hadis yok. Ya da şöyle diyeyim ben kaynaklarda böyle bir hadise hiç rast gelmedim ama o sözle aynı anlama gelen ayet ve hadisler bulunuyor. O ifadede olan bir hadisi kaynaklarda göremedik. Bu ifade aşağıdaki ayetin işaretinden çıkarılmış bir kelam-ı kibar olabilir. Nitekim Enfal Suresi'nde geçen şu ayet-i kerime olayı net bir şekilde açıklıyor zaten: "Düşmanlara karşı gücünüz yettiği kadar kuvvet hazırlayın. Savaş atları yetiştirin ki bu hazırlıkla Allah'ın düşmanlarını, sizin düşmanlarınızı ve onların ötesinde sizin bilemeyip de ancak Allah'ın bildiği diğer düşmanları korkutup yıldırasınız. Allah yolunda her ne harcarsanız, onun karşılığı size eksiksiz ödenir, size asla haksızlık yapılmaz." (Enfal, 8/60)

Zaten bu kitabın akışında da durmaksızın bu konuları anlattık. Hem bize kurulan komploları hem onların karşısına çıkan yürekli insanları ve bazen de bizim içimize sokulan hainleri ya da diğer dünya düzenini. Kitabın sonuna yavaş yavaş gelirken şu an "Ben ne yapabilirim?" düşüncesi ve ruhu oluştuysa sende, sana tek bir şey diyebilirim. Bilinçli ol, kendini bil! Bu yüzden şuurlanmalıyız. İlaveten, bizi ayıracak olan farklılıkları ve ideolojileri bir köşeye atmalıyız. Ben bu kitap boyunca bunu yapmaya çalıştım. Yani hem tarihi olarak, hem siyasi olarak, hem de ideolojik ayrımdan sizi uzak tutup üst perdeden büyük resme bakmaya ve her zaman büyük resme odaklamaya çalıştım. Ne ise kardeşim konuyu çok uzatmayalım, kitap boyunca çok samimi diyaloglar oldu. Belki bazen de sıktım seni ama inanıyorum ki bu kitap sana hem bilgi hem de ideolojik olarak çok şey katmıştır.

Kitap bitmeden sana şunları da söylemek isterim. Her zaman sana gösterilene odaklanma. Çünkü sana gösterilen, aslında onların gösterdiği ve onlar sana neyi aşılamak istiyorsa odur. Haberlerde de önemli olan nokta budur. Haberler, hangi safta olursa olsunlar tarafsız hareket etmezler. Her zaman bir ideolojiyi sana göstermek isterler. Sen ise bir bir bakıp parçaları birleştireceksin. Köşe yazılarını okuyarak, haberleri dinleyecek, gündemi takip ederek ve bir yapboz gibi ortaya bir şeyler çıkaracaksın. Parçaları bir bir birleştirerek sonuca varacaksın. Tarihte de böyle değil mi? Bir kişinin dediğine bakıp hareket etme. Nefret tarihçiliğinden uzak dur. Belge ile hareket et. Şu şunu demiş, bu bunu demiş diye bakma, biraz kalk da araştır neymiş diye. Unutma! Çanakkale'de 15'inde gençler davası uğruna can verdi. Arkalarından "Hey On Beşli" türküsü söylendi. Davaları için bir şey yaptılar. Peki, sen ne yapıyorsun? Şimdi gaza gelip silahı al savaşa git, demiyorum. Sadece ayağa kalk ve bu kitap bittikten sonra yeni kitaplara koş. Kendini bilinçlendir. Şuurunu artır. Büyük resmi okumaya çalış. Unutma, okuyarak kendimizi, tarihimizi ama her şeyden öte kendimizi keşfederiz. Kitapta da her zaman dediğim gibi sadece okuma, okuduklarını düşün, tart. Unutma! Okumak zihni sadece bilgi malzemesiyle doldurur, okuduğumuzu bize mal eden düşünmedir. Ayrıca evlatlarına da kardeşlerine de arkadaşlarına da kitap sevgisi aşıla. Çünkü kitapsız büyüyen çocuk, susuz büyüyen ağaca benzer, bunu asla unutma. Ne ise sözü de çok uzatmaya gerek yok. Zaten son dediklerim hep alıntı sözler. Ama ben isim vermeden yazayım dedim. Bir bakalım, bakayım senin üzerinde nasıl etkisi oldu? Kimi atasözü idi, kimi ünlü birinin sözü. Şimdi sen düşün o sözler üzerinde etki etti mi, yoksa ünlü birinin sözü dediğimde mi etki etti? Sana sözler mi etki etti, yoksa o ünlü kişilerin sözü demem mi? Ne ise çok felsefe yapmaya gerek yok. Bizim millet felsefeyi zaten takmaz. Nitekim önsöz koymadım gördüğün gibi çünkü bizim millet önsöz de okumaz. Bizim milleti ben çok iyi bilirim. Muhsin Yazıcıoğlu'nun dediği gibi: "İki satır kitap okutamazsın bizim çocuklara ama kavga var desen kilometrelerce yoldan çıkar gelirler."

Kardeşim hep kavga hep dövüş ile olmuyor bu işler. İşte bu yüzden şuna inancım tam ki sayın okuyucu: Dünyanın mazlumları bizi bekliyor. Dünya bizi bekliyor. Bu yüzden ayağa kalk ve şuurlan, şuurlandır ve kendini bilinçlendir. Tüm dünya neden bizim üzerimize geliyor neden hep bize komplolar kuruyor deme. Tarih zaten her şeyi açıklıyor. Bu ümmet ve devlet için bir şeyler yap. Ha yorulabilirsin. Ama yoruldum diye de bırakma. Peki, ne yapayım o zaman dersen. Yorulduğun vakit ise:

فَإِذَا فَرَغْتَ فَانْصَبْ

"Boş kaldın mı, hemen (başka) işe koyul..."
İnşirah/7. Ayet

Son söz yazmaya gerek kaldı mı ki?

KAYNAKÇA

1. Mukaddime, İbn Haldun, İlgi Kültür Sanat Yayıncılık, Arslan TEKİN
2. Siyaset Sanatı, Maverdi, Özgü Yayıncılık, Mustafa SARIBIYIK
3. Eşşeceretün Numaniyye Fid Devletil Osmaniyye, Muhtiddin-i İbn-i Arabî, IQ Kültür Sanat Yayıncılık, Harun ÇETİN
4. Ramuzu'l - Ehadis, 478/5
5. Muvatta, Husnü'l Halk, 8
6. İmam Ahmed b. Hanbel, Müsned, V, 411
7. Ben, Öteki ve Ötesi, İbrahim KALIN, İnsan Yayınları
8. İslam ve Batı, İbrahim KALIN, İsam Yayınları
9. Sultan'ın Casusları, Emrah Safa GÜRKAN, Kronik Kitap
10. Habertürk, Murat BARDAKÇI
11. Kur'an-ı Kerim
12. http://www.aljazeera.com.tr/al-jazeera-ozel/ebubekir-efendinin-izinde

*Kaynakçada verilmiş olanlar temel kaynak niteliğindedir. Yukarıdaki 12 maddeden ayrı olarak buraya yazamadığımız daha nice kaynaklar bulunmakta...